ガバナンスと評価　11

自治体評価における実用重視評価の可能性

―評価結果の報告方法と評価への参加に着目して―

池田 葉月 著

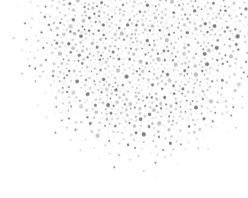

晃洋書房

目　次

序　章 ｜ 評価の利用はなぜ進まないのか

✝ はじめに

　政策評価論では，アカウンタビリティ（説明責任）の確保，マネジメントへの貢献，専門分野への知的貢献のために評価が必要であるとされている［山谷 1997：67-76：2012：21-24］[1]。また，政府の失敗や政策の失敗を発見あるいは抑止することで政策の質を改善する上でも評価が必要であるとされている［窪田 2018b：2，長峯 2014：90］。公共部門では市場部門のような競争原理が働かず，政府の失敗が生じる。そのため，必要性の乏しい政策や非合理的で効果のない政策，時間や人員，資金の使い方が非効率的な政策，利害関係者の合意を過度に重んじる政策，創意工夫に欠け先進事例の模倣に終始している政策などが生み出されがちであり，かつ終了されにくいという傾向がある。このような状況を発見あるいは抑止するために必要性と有効性，費用対効果といった観点から評価し，政策を改善していくことが必要とされている。そのため，評価の制度化とその改善が進められ，日本では地方自治体と府省で評価が制度化されて約20年が経過し，現在では導入・定着の時期から利用促進の時期に移行していると言える。また，地方分権改革に伴って活動や責任の範囲が拡大され，地方自治体も政策形成の主体として行動し，その成果や効果に関する情報を得て誤りを修正したり有効性をより高めたりすることが求められてきた［村松 1998：165］。さらに，最近では地方創生においても各地域の特徴を活かして自律的か

つ持続的な社会を創ることが目指されるなど，地方自治体も政策を作ることが求められている．このようなことから，実施した政策を評価することで現在の政策の改善や今後のよりよい政策形成につなげ，アカウンタビリティを果たすことは重要である．

　本書では，業績測定を中心とする評価制度において評価結果の利用を促進するためには政策を評価することについての行政職員のイメージ向上や負担感軽減が重要であることを述べる．政策評価論において評価結果の利用促進は課題の１つであるとされており，その改善に関する研究は長年取り組まれている．それらの先行研究においては評価結果の利用を促進する方法や要素に関する議論が主になされている．しかし本書は，具体的な方法や要素の前に考えるべきことがあるのではないかという問題意識に基づいている．つまり，政策を評価することに対する行政職員の認識や捉え方，イメージ，政策の評価に取り組む姿勢，評価結果として何をどのように受け取るかといったことを考慮せずに評価結果の利用を促進するためにはどうすればよいかということを考えても実際の利用にはつながりにくいのではないかということである．そこで本書では，評価結果の想定利用者として行政職員に特に注目し，評価結果の利用を促進するためには政策を評価することについての行政職員のイメージを向上させることと負担感を軽減することが重要であることを述べる．また，そのためには実用重視評価（Utilization-Focused Evaluation）の要素を活かして評価結果の報告方法を工夫することと評価の過程に行政職員を参加させることによって評価に対する当事者意識を高めることが１つの方法となり得ることを述べる．その事例の１つとしてアメリカ合衆国の地方政府で実施されており，その成果がアメリカ合衆国以外の国でも注目されている業績スタット（PerformanceStat）をとりあげる．

　本章では，本書全体に共通することや前提となること，研究の背景を説明する．まず，本書の目的を説明し，全体像を示す．次に，本書が研究の対象とするものと使用する用語を説明する．また，研究の背景として，地方自治体にお

いて政策を評価することの必要性を改めて確認し，そこから筆者の問題意識と本書の意義，オリジナリティを説明する．

＋ 1．本書が研究の対象とするもの

本節では本書が研究の対象としているものについて，基本的な用語の意味と本書がとりあげる課題に分けて説明する．また，本書が用いている調査方法についても説明する．なお，本節では本書全体に共通するものを中心に説明し，必要に応じて各章においても説明する．

（1）基本的な用語

本書では行政が実施している取組み全般を指して政策としており，政策——施策——事務事業という階層の最上位を指しているわけではない．評価対象の単位として区別する際には施策，事務事業という用語も使用する．

評価は，政策が社会にもたらしたインパクトと政策の実施にかかった費用の差から意思決定の材料を提供すること，あるいは行政職員の責任を立証することや［窪田 2005：20-22；龍・佐々木 2010：105-106］，効率性や生産性を評価して組織をマネジメントすることを意味する場合もある［山谷 2012：22］．また，ある政策のインパクトや問題点を明らかにする評価研究や［山谷 1997：47；2012：22］，政策の分野ごとに最適な評価手法や評価制度を検討する分野別評価も盛んである．しかし本書では，評価とは満たすべき基準を満たしているかどうかを確認し，その結果に応じてよりよい方向に改善したりさらに推進したりすることという意味で使用する．つまり政策の進捗状況が順調ではない原因を明らかにし，改善の方策を立案することに重点を置いており，評価は政策形成のためのツールであると位置付けている．また，評価から得られる情報という意味で評価結果という用語を使用しており，ＡやＢなどの最終的な判定結果のみを指しているわけではない．

　本書では，地方自治体の企画課や総務課などの内部管理部署が事務局となって全庁的に制度化している政策の評価制度を対象としており，それを自治体評価とする．行政評価，事務事業評価，施策評価などを用いている場合は，個別の地方自治体の評価制度の名称を表している．また，自己評価とは個別計画の進行管理や計画の策定・更新時に各担当課が実施している評価ではなく，全ての部署を対象として評価表のような共通の書式を用いて実施する制度を指している．施策・事業の担当課で評価対象の政策を担当している職員自身が行う評価を自己評価，管理職や幹部職員，事務局の職員が自己評価に対して行う評価を内部評価とする．また，外部評価とは学識経験者や地域の団体の代表者，市民などの行政外部の主体で構成される組織による評価を指しており，一般的に外部評価委員会や行政評価委員会などの名称で呼ばれるものである．

　本書は自治体評価の中でも自己評価と外部評価を組み合わせて実施している制度を主に対象としている．外部評価を含む制度を対象とするのは，外部評価を取り入れることが評価制度を適切に機能させるためには必要だからである［窪田 2018b：2-3］．自己評価に対しては，客観性に欠ける，甘い評価になりがちであるなどの批判もあり，その批判は一定の説得力を持つとされている［窪田 2018b：3］．外部評価のみを実施している場合は自己評価の段階が存在しないことになる．しかし，多くの場合は評価対象を説明する資料を作成したり評価表に類似する資料を作成していることから自己評価に相当する作業は存在しており，共通点も多いと言える．

（2）本書がとりあげる課題

　評価の課題としては様々なことが指摘されているが，本書では評価結果の利用と，政策を評価することについての行政職員の負担感という課題をとりあげる[2]．そしてこれらの課題の改善方法の1つとして業績スタットに着目する．

　評価結果の利用とは，評価結果に基づいて政策の有効性や費用対効果がより高まるように改善することや，必要性が著しく低下している，あるいはなくな

っていることが明らかになった政策を終了することを意味する．例えば府省の
評価制度では，評価結果を予算にどのように反映させたかを政策評価ポータル
サイトで各府省が公表している．事業仕分けの場合も，廃止や見直しの結果と
して歳出がどの程度削減されたかを公表することが多い．また，予算への反映
だけでなく，計画の改定や法律の制定あるいは改正に評価から得た情報を活か
すという利用方法もある．しかし，評価結果の利用は評価制度の課題の1つと
して挙げられることが多く，代表的な利用方法の1つである予算編成への反映
については，地方自治体では71.3%が課題として認識している［総務省自治行政
局市町村課行政経営支援室 2017：7］[3]．その他にも長期的な方針・計画との連携
（51.3%），外部意見の活用（35.6%），定数査定・管理への活用（35.5%）などが
課題として認識されており，評価結果の利用が課題であることがわかる．

　また，政策形成において，評価結果などのこれまでの知識や経験，評価から
得られた情報が利用されるためには，様々な媒体を利用してわかりやすくフィ
ードバックを行って学習機能を働かせることが重要であるとされている［中村
2006：57；真山 2001：54；82；Weiss 1998：邦訳 428］．このことから，本書では評
価結果をフィードバックする方法の1つである報告方法に着目している．

　負担感とは政策を評価することについて行政職員が持っている否定的な認識
である．負担感は課題の1つとして挙げられるとともに，地方自治体では評価
制度の休止や廃止，縮小の理由，評価結果を公表しない理由としても挙げられ
ることが多い［総務省自治行政局市町村課行政経営支援室 2017：2・8］．この課題につ
いては，公共部門における評価の必要性や重要性の高さ，行政職員の責務など
の観点からそれほど重視しないという考え方もある．しかし，行政職員による
自己評価を中心とする評価制度の場合には行政職員が果たす役割が大きいため，
負担感を課題として捉え，改善に取り組むことの必要性や重要性も高いと言
える．

（3）研究方法

　本書では文献調査の他にアンケート，インタビュー，地方自治体のホームページの悉皆調査を実施している．アンケートは兵庫県宝塚市の行政職員を対象として実施しており，評価についての行政職員の負担感と評価に関する業務の実態，評価についてのイメージ，評価結果をどの程度確認するか，どのような表現方法や媒体で確認したいかを調査した．なお，アンケートの調査票は資料として添付しており（資料1から資料4），調査結果の詳細をまとめた報告書は宝塚市のホームページで閲覧可能である．インタビューはさいたま市で実施し，業績スタットを導入した背景や実際の制度について調査した．また，アメリカ合衆国地方政府の業績スタットについては動画が公開されている場合があり，公開されている場合にはそれらを視聴した．地方自治体のホームページの悉皆調査では近畿地方の2府5県と227の市町村を対象として自治体評価の実施状況と評価結果の公表方法を調査した．また，地方自治体の外部評価については複数の外部評価委員会を継続的に傍聴し，実態の理解に努めてきた．

（4）本書の構成と展開

　本章で説明してきた前提や背景，定義などに基づき，本書は次のような構成で展開していく．本書は序章と終章を含めて8章で構成されている．序章と第1章では本書の前提となることを説明する．第2章と第3章では，本書で特に注目する課題である政策を評価することについての行政職員の負担感とイメージについて説明する．第4章では業績測定を中心とする評価制度においても実用重視評価の要素を取り入れられることを説明し，課題改善の方向性を示す．第5章では，具体例として業績スタットをとりあげ，アメリカ合衆国地方政府における業績スタットを説明するとともに，日本で業績スタットに注目している地方自治体の現状を説明する．第6章では筆者が関わった評価結果の効果的な報告方法の一例を紹介するとともに，どのような工夫が考えられるか，また注意すべき点は何かなどを説明する．終章では本書の内容を振り返るとともに，

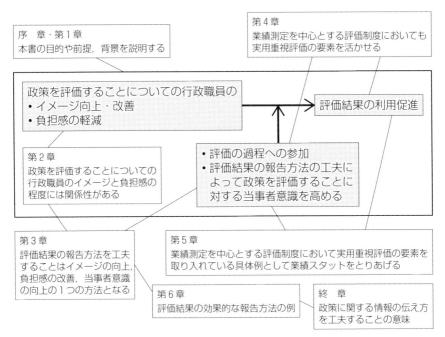

図1　本書の構成と展開

出典：筆者作成.

業績測定を中心とする評価制度の課題として本書でとりあげた課題である評価結果の利用以外のものについて述べる．また，それらについて確認した上で，評価結果の報告方法は近年注目が高まっている多様な主体の評価への参加との関係でも重要であることを述べるとともに，その事例を示す．これらの章を通して，評価結果の利用を促進するためには政策を評価することについての行政職員のイメージを向上させることと負担感を軽減することが重要であり，そのためには実用重視評価の要素を活かして評価の過程に関わらせることと評価結果の報告方法を工夫することによって行政職員の当事者意識を高めることが1つの方法となり得ることを述べる．このような本書の構成と展開を図示したものが図1である．

┼ 2．筆者の問題意識

　本節では，評価結果の利用という課題を考える上で，行政職員の負担感という課題との関連性を考えることの重要性に筆者が着目するに至った背景を説明する．地方自治体の規模を考慮しなければ，評価制度の導入率は61.4%だが，地方自治体規模と評価の導入状況には図2のように関連性が見られ，規模が小さくなるほど導入率は低下していく．また，町村の導入率は非常に低く，導入状況には偏りがあると言える．また，過去に実施していたが廃止した地方自治体は小規模になるほど増加する［総務省自治行政局市町村課行政経営支援室 2017：2-3］．また，廃止した地方自治体は過去の調査と比較しても増加傾向にある．

　公共部門において政策を評価することの必要性や重要性は，先行研究でも述べられているように明らかである．また，行政に限らず様々な組織や分野において，さらに個人の単位であっても実施したことを振り返って評価し，見直していくことの必要性や重要性というのはよくとりあげられるテーマである．また，研究書だけでなく自己啓発系の文献なども含めて多数存在しており，関心も高いと考えられる．しかし地方自治体の評価制度に目を向けると，効果的に運用されている制度ばかりではなく，課題も多数指摘されている．また，総務省治行政局市町村課行政経営支援室の調査を見ても地方自治体が認識している課題の内容にもあまり変化がない．

　さらに，行政組織には評価を忌避する傾向があり，慣れとルーティン化によって評価に関する業務を作業としては遂行していても，自己評価に基づく自己改革に自主的には取り組まないという指摘もある［大森 1987：310；金井 2010：220-23；山谷 1997：29］．評価結果についても，問題点を発見して改善していく上で有効な情報ではなく，計画の不備，執行上の無駄や非効率，担当者の怠慢や無能さを点検し批判するために使われるものになるのではないかと捉えられる傾向があるとされている［大森 1987：310］．このような傾向は，積極的に評

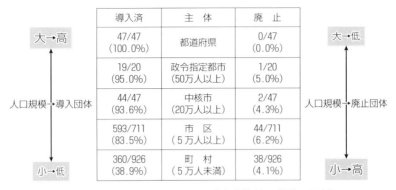

図2　評価制度の実施状況と地方自治体の規模の関係

出典：総務省自治行政局市町村課行政経営支援室［2017：1-2］，地方公共団体の区分（http://www.
soumu.go.jp/main_sosiki/jichi_gyousei/bunken/chihou-koukyoudantai_kubun.html,
2019年8月22日閲覧）より筆者作成.

価に取り組み，その結果を利用して政策を改善することを阻害している要素の
1つであると考えられる.

　評価結果の利用については，重要な課題として長年にわたって研究されてお
り，利用方法の分類，利用を促進するための方法や要素，評価結果の利用がも
たらす影響に関する研究などがなされている．しかし，評価に取り組む行政職
員の認識や姿勢に否定的な傾向が見られることを踏まえると，評価結果の利用
そのものに関する研究だけでなく，利用の段階よりも前の段階に関する研究も
重要ではないかと考えられる．つまり，理論上は理想的なレベルで正確性の高
い情報が得られる手法，完成度の高い制度であったとしても，そこに関わる人
や組織が理解・納得してついてこなければ制度も手法も有効には機能しないし，
むしろ弊害を生じさせる可能性もある．逆に，前提となるような基本的な部分
を改善するだけでも有効に機能するようになる場合もあると考えられる.

　このようなことから，地方自治体の評価制度は，当然備えているべきものと
してスムーズに導入され，効果的に運用されていくわけではないのではないか，
行政職員に着目した運用上の工夫がもっと必要なのではないかという問題意識
を持った．また，利用と並んで評価の課題の1つとされている負担感について

も筆者は研究しており，負担感の具体的な内容やその理由などについて研究してきた．この研究から，負担感と評価についての認識には関連性が見られ，負担感の改善は，利用の段階よりも前の段階で改善すべき課題の１つではないかと考えた．

そのためにどの主体にどのように働きかけるかについては様々な選択肢があるが，本書では自治体評価において中心的な役割を果たす行政職員に着目する．その上で，評価結果の利用を促進するためには政策を評価することについての行政職員のイメージを向上させることと負担感を軽減することが重要であり，そのためには実用重視評価の要素を活かして評価の過程に行政職員を参加させることと，評価結果の報告方法を工夫することによって評価についての当事者意識を高めることが１つの方法となり得ることを述べる．

＋ 3．本研究の意義

本節では本研究の意義を公共政策学の観点から政策の評価について研究していること，業績スタットをとりあげていること，評価結果の想定利用者として行政職員に着目していることの３点に分けて説明する．

第１に，政策を評価することについて公共政策学の観点から研究していることである．政策を評価することは字句の意味通りには政策の価値を判断することであり，ある政策の価値や値打ちを計量可能な形で評価できるのであれば望ましいと政策評価論では考えられてきた［窪田 2016：47-48；佐々木 2010：2-3］．一方で公共政策学では，政策評価論は，個別分野の政策実務へ寄与することを目的として政策分析と政策デザイン，政策を評価するための一般理論や手法の研究を行う分野横断的な政策研究として位置付けられている［足立 2005：3-6；2009：12-17］．このことから，評価の理論や手法を研究し，評価によって政策の必要性を明らかにすること，政策が所期のねらい通りに機能しているかを明らかにすることは公共政策学において重要な役割を果たすとされている［窪田

2008：63：2016：47］．本書もこのような立場から，政策を評価することは政策
の必要性や有効性，費用対効果を確認し，そこから得られた情報を政策形成過
程にフィードバックすることによって政策の有効性や費用対効果を高めるため
のツールであると位置付けている．

　第2に，業績スタットをとりあげていることである．業績スタットとは，行
政機関の長や幹部職員と評価対象の政策に関係する全ての責任者が出席する定
期的かつ頻繁な会議と，データに基づく議論によって政策の改善と目標の達成
を目指すリーダーシップとマネジメントのための戦略である［Behn 2008b：206-
207：2014：27］．アメリカ合衆国の地方政府で盛んに実施されている．業績スタ
ットはデータに基づく議論を行い，その過程で明らかになった問題への対応策
を議論し，それが確実に実行されるようにしている点が特徴である．それによ
って評価結果の利用と政策の改善の実現可能性を高めている．日本の先行研究
では業績スタットの有名な事例の紹介はなされているが，業績スタットが評価
手法や評価制度としてどのようなものかという総合的な説明は少ない．そのた
め，本書では業績スタットについて総合的に説明し，自治体評価においても役
立つ可能性があることを示す．

　また，業績スタットは業績測定を中心的な手法としているが，その特徴から
実用重視評価の要素を取り入れていると言えることを述べる．業績測定という
評価手法は体系的評価に含まれる1つの要素であり，評価ではなくモニタリン
グであるという考え方も有力である．しかし，業績測定の第一人者であるハト
リー（Harry Hatry）も分析や報告の段階まで考えており，その際のポイントな
ども示している．また，業績測定を中心とする評価制度として考えた場合，単
なるモニタリングではないし，単なるモニタリングで終わらせないための制度
設計と運用が求められる．本書では業績スタットを，業績測定を中心とする評
価制度に実用重視評価の要素を取り入れた例の1つとし，特徴を明らかにする
とともにその理論的位置付けについても検討する．

　第3に，評価結果の想定利用者として行政職員に着目し，行政職員を対象と

した評価結果の効果的な報告を筆者自身が実践していることである．本書では施策・事業の担当課の職員と評価制度の事務局の職員という2種類に行政職員を分類しており，特に区別していない場合には施策・事業の担当課の職員を指している．評価結果の主な利用者として行政職員に着目するのは，その特徴や置かれている環境に特徴があるからである．つまり，データが豊富な現場にいる行政職員は評価の対象となっている政策について多くの情報を持っており，分析や判断をしやすいという環境にあるとされている［大森 1987：313, 松崎 2019：57］[4]．そのため，評価結果を利用して政策を改善することに取り組みやすい立場にあると言える．評価結果の利用者として行政職員が特にとりあげられることは少ない．しかし，評価結果の利用促進を目指す評価の理論である実用重視評価においても，評価結果を利用する主体として想定されるのは評価の過程または結果から学習したことを仕事に活かす意思と権限，能力を持った個人または団体とされており［International Development Research Center 2012：1；Patton 2008：37］，この理論にも合致すると言える．また，評価制度がよりよいものとなっていくかどうかということには評価に取り組む者の考え方や姿勢が大きな影響を及ぼすともされており［西出 2019：1］，評価制度の改善において行政職員の重要性は高いと言える．

✝ おわりに

本章で述べてきたように，自治体評価において行政職員に着目することの重要性は高く，特に施策・事業の担当課の職員は自己評価を担当する立場の職員であるから評価制度の運用を考える上では重要な存在である．一方で，施策・事業の担当課の職員は人数が多いことや，複数の地方自治体で複数の部署の職員に同時に調査することが容易ではないことなどから，先行研究では事務局の職員を対象に調査を実施している場合も多い．しかし本書では施策・事業の担当課の職員を対象に調査を実施している点も意義の1つである．

　このような行政職員による評価結果の利用を促進する方法の1つとして，本書では評価結果の報告を視覚的に工夫することをとりあげている．この評価結果の報告方法については，諸外国の先行研究では注目もされているが，日本では先行研究も実践も確認できない．本書では先行研究を整理するとともに，筆者自身の実践についても述べる．

注
1）　評価論ではアカウンタビリティという用語を用いるが，行政の実務においては同じ意味で説明責任という用語を用いる場合が多い．
2）　評価の利用に関する議論においては過程の利用と結果の利用を区別する場合もある．過程の利用という概念が用いられるのは政策を評価するという行為自体に価値を認める場合であり，エンパワメント評価がその典型例である．エンパワメント評価とは，改善と自己決定を促進することを目的として利害関係者に計画策定とその実行，評価のためのツールを提供し，計画と管理体制の一部として評価を組み込むという評価理論である［Fetterman and Wandersman 2005：邦訳 13-16］．教育や福祉，医療，国際開発などの分野で用いられることが多い．
3）　本書では総務省自治行政局市町村課行政経営支援室による地方公共団体における行政評価の取組状況等に関する調査の結果を使用している．この調査は全ての地方自治体を対象として2002年から3年に1回実施されているものである．総務省のホームページで地方自治体の規模別に調査結果をまとめたものと都道府県と政令指定都市，市区町村（都道府県別）の単位で個表が公表されている．また，本書で用いているのは2016年10月1日時点の調査結果であり，それが最新である．数値は評価制度を導入していると回答した1099の自治体のうち各項目に該当する地方自治体の割合を用いており，基本的に規模による区別はしていない．
4）　大森［1987］は出版されてから時間が経過している．しかし，特定の地方自治体に限定せずにその業務や職員の実態を扱った研究は少ないこと，比較的新しい類似の文献である金井［2010］からも共通する部分はあると考えられること，評価に関する部分については筆者が複数の地方自治体の外部評価委員会を継続的に傍聴してきた経験から概ね同様の傾向が現在も見られると判断して使用している．

第 1 章 | 自治体評価の制度と課題

✝ は じ め に

　地方自治体では，1990年代後半から評価制度の導入が始まり，2000年代に入ると導入が急速に進んでいった．この背景には改革派首長や熱心な行革担当職員などのキーパーソンが注目して取り組み始めたこと，不正経理問題の発覚によって行政不信が高まっていたこと，財政難から行財政改革の必要性が高まったこと，その手段として業績の測定と評価を推奨する NPM（New Public Management）が注目されていたことなどが挙げられる．本章では，このような背景で導入されていった地方自治体の評価制度の現状と課題，評価手法について説明する．また，それらの課題のうち本書でとりあげる評価結果の利用について説明する．評価結果の利用は長年研究されてきたテーマの 1 つだが，政策評価論においてどのような議論がなされてきたか，政策過程との関連ではどのように捉えられているのか，地方自治体において評価結果を利用するとは何を意味しており，現状はどのようになっているのかを説明する．それによって，本書が対象としている自治体評価と評価結果の利用という課題に関する基礎的な情報を整理する．

╋ 1. 自治体評価の特徴と課題

　本節では，本書の研究対象である自治体評価の特徴を評価手法と評価制度の2つの観点から説明する．また，評価結果の利用，評価についての行政職員の負担感，アカウンタビリティの3つの観点から自治体評価の課題を説明する．

（1）評価手法の特徴

　自治体評価の評価手法は業績測定を中心とする簡易な体系的評価である［窪田・池田 2015：4］．これは必要性評価とセオリー評価，プロセス評価を簡略化した形で実施し，インパクト評価や効率性のアセスメントの代わりに業績測定を用いてアウトカムを評価するという手法である．計画における施策や予算の単位である事務事業を単位とし，全ての施策・事務事業について評価表などの共通の書類を作成して行う．体系的評価との違いはアウトカムを測定する手法の専門性の高さであり，モニタリングとの違いは簡易ではあるが必要性評価とセオリー評価，プロセス評価といった体系的評価の要素が含まれていることである．このように，モニタリングとは異なるが，国際的に見ると測定や記述が中心になっていて分析がない場合が多いとされている［山谷 2016：1-2］．

　業績測定とは事前に設定した指標を用いて測定した実績と目標値を比較してその達成状況を評価する手法である［Hatry 1999：邦訳 3］．この評価手法が採用された背景としてはイギリスやニュージーランド，アメリカ合衆国などでNPMの考え方や取組みが行政に導入され，注目されていたことが大きい［田中 2014：24-25：本田 2006：9］．NPMでは事後的な結果や成果が重視されるため，業績の事後的な評価が必ず実施される．ここで手法として用いられていた業績測定が評価においても中心的な手法として採用された．業績測定は比較的簡易な手法であるため行政職員自身で評価を行うことができ，同時に多数の政策を評価できる．そのため，自治体評価では事務事業や施策を単位とした行政職員

による自己評価が中心である［田中 2014：32-33］．しかし，他の評価手法と比べると専門性が低いことから，得られる情報の正確性や客観性という点では劣る．そのため，自治体評価では，正確性や客観性を補完する1つの方法として，評価対象の施策や事務事業の直接の担当者よりも上位の職員による2次評価や，行政外部の主体による外部評価を実施している．この手法の詳細については第4章で説明する．

（2）評価制度の特徴

　総務省自治行政局市町村課行政経営支援室の調査結果によれば，評価制度を導入しているのは61.4％であり，要綱に基づいて導入・運用している地方自治体が51.3％と最も多い．評価を行う主体で分類すると自己評価と外部評価に分類できるが，自己評価のみを実施しているのが52.4％，自己評価と外部評価を組み合わせて実施しているのが46.4％，外部評価のみを実施しているのが1.2％となっている．外部評価では自己評価の評価対象となっている政策の一部を評価対象にしている場合が多い（72.5％）．

　評価制度の特徴は第1に，評価を実施するための仕組みを全庁的な制度として構築し，継続的に運用していることである［田中 2014：31］．そのため，特定の分野や部門だけを評価の対象にしたり，分野や部門によって評価手法を変えたりすることは例外的である．地方自治体には特定の分野の政策を対象とした評価制度も存在するが，それらは自治体評価には含まれない[1]．第2に，評価対象として最も多いのは事務事業であり，95.7％が評価対象としていることである［総務省自治行政局市町村課行政経営支援室 2017；田中 2014：31-32］．また，ほとんど全ての事務事業が評価対象となっている場合が多い．事務事業は予算の単位である場合が多いため，機動的なフィードバックが可能になるというメリットがある．ただし，施策を対象とする地方自治体も増加してきている．施策を評価対象の1つの単位とすることで，個別の事務事業としての適切さだけでなく，施策を構成する事務事業の過不足，施策と事務事業の関係の適切さといっ

た視点を取り入れることができる．第3に，評価表と呼ばれるシートを作成して評価を行っていることである［田中 2014：33-34］．一般的に1つの事務事業あるいは施策につき A4で数枚の評価表を作成するため，評価表の作成が自治体評価に関する業務全体に占める割合は大きい．

　一方で国際的に見ると，PDCA（Plan ― Do ― Check ― Action）という考え方を多用する傾向がある，客観性を非常に重視する傾向がある，C（check）からA（action）につなげるためのフィードバックとして何をするのかが不明確であるなどの特徴も見られるとされている［山谷 2016：1-2］．

（3）自治体評価の課題

　地方自治体の評価制度の課題としては様々な点が指摘されており，地方自治体自身が認識している課題として多いのは評価に関する事務の効率化（79.5%），評価指標の設定（78.5%），予算編成等への活用（71.3%）である［総務省自治行政局市町村課行政経営支援室 2017：7］[2]．以下では評価結果の利用，評価についての行政職員の負担感，アカウンタビリティの3つの観点から自治体評価の課題を説明する．

　第1に，評価結果の利用状況に差があることである．評価制度は評価の実施を組織に義務付けるものであり，誰がいつ何をどのように評価して，その結果をどのように利用するのかが規定されている．総務省自治行政局の調査では，総合計画の進行管理や予算要求・予算査定などに利用するとしている地方自治体が多いが，地方自治体によって評価結果の利用状況は異なる．また，同じ地方自治体の中でも評価結果の利用に対する認識や意欲は部署によって異なる場合もある．評価結果が利用されない理由としては様々なことが考えられるが，評価結果の質が低いことはその1つである．

　業績測定を中心的な手法として用いる評価制度において，評価結果の質に影響する要素としては，指標や目標値の質が挙げられる．地方自治体の評価制度は業績測定を中心的な評価手法として採用しているため，指標や目標値の重要

性は高い．指標の質が低ければ，その指標を用いて業績を測定しても得られる
データは正確性や客観性に欠ける．また，正確性や客観性については問題がな
かったとしても，評価する上で必要な情報が得られないなど不適切なものにな
ってしまう．目標値については，実際には順調に実施されていたとしても，目
標値が高すぎると有効性が低くいつまでも目標が達成されないという評価にな
ってしまう．逆に，目標値が低すぎた場合には予定よりも早く目標が達成され
るため，見直す必要がある．このように指標や目標値に問題がある場合，そこ
から得られるデータも不適切なものになってしまう．不適切なデータに基づく
評価結果は政策を改善するためのエビデンスにはならないため，評価結果が利
用されないことにつながる．

　しかし，評価結果の質は用いる評価手法によって決まる部分もある．つまり，
評価手法の専門性が高いほど正確性や客観性の高い評価結果を得られるが，自
治体評価の中心的な手法である業績測定の専門性は相対的に低い．そのため，
専門性がより高い評価手法に変更することは 1 つの改善方法である．しかし専
門性の高い評価手法を使うためには，必要な知識や技術を備えた専門家に委託
する必要があるためコストも高くなる．このようなことから，評価手法の選択
においては評価にかけられるコストとのバランスを考慮する必要がある．

　そのため自治体評価のように，一度にできるだけ多くの政策を評価対象とす
ることに重点を置いている場合には別の方法で正確性や客観性を補完している．
例えば，評価表に各指標の意味や実績値の算出方法，評価基準などを詳しく説
明する部分を設けたり，指標を設定する際のマニュアルを作成したりするなど
が挙げられる．また，自己評価と組み合わせて外部評価を実施し，行政外部の
評価者にその妥当性をチェックしてもらうという方法もある．このような方法
で指標と目標値の質を高めることによって評価結果の正確性や客観性を高める
ことも可能である．ただし手法や制度に関わらず，評価を実施する人材の知識
や技術も重要な要素であり，その不足も自治体評価においては課題の 1 つであ
る［窪田 2016：49；田中 2014：68］．

　第2に，評価について行政職員に負担感が生じていることである．負担感とは評価についての行政職員の否定的な認識であり，評価疲れと言われることもある．負担感が生じる理由ははっきりと解明されているわけではないが，例えば業務量が多いことや，評価結果が利用されないことによる徒労感，評価に必要な知識や技術の不足・誤解などが挙げられる［池田 2018a：69-70］．評価に関する業務量が多いと認識される理由も複数あるが，評価の単位が事務事業であることが多いため評価対象の数が多くなることはその1つである．また，事務事業の中には義務的な業務で裁量の余地がほとんどないものもある．さらに，事務事業に限らず政策の中には1年では成果が現れないものもある．このような政策を毎年の評価対象にし，画一的な評価を行うことはこれらの政策にとって最適な方法ではないことから業務量が多いと認識されやすく，負担感が高まる[4)]．また，評価を実施することへの徒労感や，評価の費用対効果に対する疑問も負担感につながる．これらは評価結果が出るまでにかかった費用や時間，労力などのコストは大きいが評価結果は利用されないという状況から生じるものであり，評価結果の利用とも関連する課題である．

　第3に，アカウンタビリティの問題である．行政は社会や市民に対してアカウンタビリティを果たすことが求められており，アカウンタビリティを果たすことが評価制度の目的の1つとされている場合は多い．アカウンタビリティを果たす方法の1つは，評価の過程や結果を公表することだが，地方自治体の中には評価結果を公表していないところも30％から40％ある［総務省自治行政局市町村課行政経営支援室 2017：8][5)]．公表しない理由として多いのは，内部的な評価であるため（57.1％），職員の意識改革が主な目的であるため（29.5％），公表に係る事務負担が大きい（14.2％）などである［総務省自治行政局市町村課行政経営支援室 2017：8］．しかし，公表されていなければ行政職員以外には評価結果がわからないため，評価によってアカウンタビリティを果たしているとは言えない．ただし，評価結果は公表されていても社会や市民からの関心が低かったり[6)]，評価結果の質が低かったりする場合もある．このような場合，評価結果を公表し

ているからといってアカウンタビリティが十分に果たされているとは言えない．
また，評価結果の質が低いことについては，評価結果が利用されない理由の1
つであると述べたが，アカウンタビリティとの関連でも問題であると言える．
一方で，アカウンタビリティを果たすための作業が増え続けることにより，評
価に関する業務に割く時間や労力が過剰になり，本来の業務のパフォーマンス
が低下して成果が出ないというジレンマに陥っているという指摘もあり［山谷
2006：210］，これは負担感にもつながることであるから重要であると言える．

（4）自治体評価の有効性を高める方法として過去に注目されたもの

　本書では自治体評価の有効性を高める方法として業績スタットをとりあげて
いる．しかし自治体評価ではこれまでに，業績測定を中心とする評価制度をよ
り有効なものにする手法として，ベンチマーキングやロジックモデル，事業仕
分けも注目されてきた．

　ベンチマーキングとは改善が必要な領域に現実的な目標を設定し，最適な改
善方法を選択するために優れた組織と比較するという手法である［GAO, T-
GGD, and AIMD 1995：9］．ある地域のビジョンを具体化するために設定された
指標や目標を指す場合もある［古川・北大路 2002：59］．ベンチマーキングは
1980年代にアメリカ合衆国の株式会社であるゼロックスで初めて導入され，民
間企業で盛んに用いられていた［GAO, T-GGD and AIMD 1995：10-11］．ベンチ
マーキングは業績測定と組み合わせて用いるのが最適であるとされており，オ
レゴン州の事例などが有名である．［上山 1998：40-44：GAO, AIMD and GGD
1995：4］．

　日本の地方自治体におけるベンチマーキングの事例としては自治体財政健全
化法に基づく財政健全化政策，自治体ベンチマークシステム比べジョーズ，全
国都市改善改革実践事例発表会，龍ケ崎モデル，都市行政評価ネットワーク会
議，関西ベンチマーキング・コンソーシアム，三重県モデルなどが挙げられて
いる［後藤 2013：30］．これらの中では都市行政評価ネットワーク会議による取

組みが参加した地方自治体の数も多く，他の事例よりも充実していると言える．しかし，数年で終了しているものや現状がわからないものも含まれており，広く普及したとは言えない．また，最近では地方創生との関連でとりあげている研究も存在するが［熊倉 2015］，ベンチマーキングを扱う研究も少なくなっていると言える．

　ロジックモデルとは政策を実施するために必要な資源と活動，アウトプット，実現を目指す変化や結果の関係がどのような構造になっているかを説明し，共有するための体系的で視覚的な方法である［Kellogg Foundation 2004：1-5］．ロジックモデルはアメリカ合衆国連邦政府の国際開発庁が1960年代後半に作成したものが最初だが，頻繁に利用されるようになったのは結果重視のマネジメントと業績の測定が強調されるようになった1990年代後半以降であるとされている［McLaughlin and Jordan 2010：55］．

　日本では2003年に農林水産省の農林水産政策情報センターがケロッグ財団のロジックモデル策定ガイドを翻訳するなど早くから関心が持たれており，府省は引き続き高い関心を持っていると考えられる（財務省総合政策研究所［2016］，農林水産省［2017a；2017b］，文部科学省［2016］など）．しかし，地方自治体の評価制度において指標設定のためにロジックモデルを実際にきちんと描くことを求めるのはハードルが高く，少数の成功事例を除けば過去に導入していても数年で終了しており，継続的に取り組んでいる例は少ないとされている［小野 2016：12；児山 2016：14］．最近の研究でも，どのようにして導入すべきかを検討しているものもあるが［佐藤 2017］，現在では，評価研修において指標の設定に関する内容を扱う場合にその考え方を説明し，実際に作成してみるという形で扱われることが多いと言える（小野［2018］など）．

　事業仕分けは，非営利のシンクタンクである構想日本がカナダのプログラムレビューをモデルに開発した手法であり，日本独自のものである．事業仕分けは，国や地方自治体が実施している行政サービスそのものの必要性や実施主体について予算の項目ごとに議論し，「継続」「廃止」「民間」「市町村」「国」と

明確に分けていく外部評価の一種である［滋賀大学事業仕分け研究会・構想日本 2011：6-8］．2002年に岐阜県で実施されて以降，100以上の地方自治体で約250回実施されており，府省では行政事業レビューとして継続されている．事業仕分けの注目度は非常に高かったが，仕分け人と行政職員が対立的な関係になりがちであることから，行政職員の負担感が大きいことや，政策の質的改善に向けた建設的な議論になりにくいこと，評価結果を明確に出してもそのとおりには実行されていない場合が多いことなどの課題も指摘されている［木下 2018：247：窪田 2014：19］．現在では，住民参加型事業仕分けや，事業仕分けから各地方自治体に合わせて発展させていったものを継続している例はあるが，オリジナルの形態での実施はほとんど見られない．また，3年前後で休止あるいは廃止している例も多い．

　このように，自治体評価の有効性を高める可能性があるものとして注目されてきたものは業績スタット以外にも存在する．業績スタットについても正確に理解するとともに，過去の事例から問題点や避けるべき点も学び，どのように，またどの程度取り入れるのかを考えることが重要であると言える．

┼ 2．評価結果の利用について

　本書では自治体評価の課題のうち，評価結果の利用促進をとりあげる．本節では，まず評価結果の利用について政策評価論においてどのような研究がなされてきたか，政策過程との関係ではどのように考えられるかを説明する．それらを踏まえて，本書が対象としている自治体評価では評価結果の利用とは何を指しており，現状はどのようになっているのかを説明する．

（1）政策評価論における議論
　評価を実施するのは，その結果を何らかの目的に利用するためであり，評価結果の利用促進は重要なテーマである．評価結果の利用を研究する意義の1つ

は評価がもたらす直接的あるいは間接的な帰結についての理解を深め，評価に関する実務の改善につなげることにあるとされている［田辺 2019a：1］．以下では，政策評価論において評価結果の利用についてどのように考えられてきたかを整理する．

1960年代以降，アメリカ合衆国では様々な社会政策が実施されていたが，それらが実際に想定されていたような効果をもたらしたのかという疑問が提起されるようになった．そのため，体系的評価が本格的に実施されるようになったが，評価者などの関係者が期待したほどには利用されなかったことから，1970年代以降，評価結果の利用に対する関心が急速に高まった．その後，評価結果の利用に関する理論的・実証的研究が蓄積される中で，利用のタイプや利用の予測因子などが明らかにされた［田辺 2019a：1］[8]．評価結果の利用に関する研究は多数存在するが，その中でも主要なものはパットン（Michael Patton）の実用重視評価である．実用重視評価の基本的な考え方は，評価の有用性は評価結果が実際にどの程度利用されるかによって決まるというものである［Patton 2008：37］．実用重視評価の詳細は第4章で述べるが，パットンはこのような前提に基づき，評価結果の利用が促進されるような評価の実施方法に関する研究を行っている．

評価結果の利用には以下のような3つの類型があるとされている［Patton 2008：102-104］．第1は道具的利用（instrumental use）である［Patton 2008：102］．評価の結果得られた情報を直接的に意思決定に利用する，あるいは問題の解決に直接的に寄与する形で利用する．評価結果は次の行動とつながっており，その意味において評価結果は行動のツールである．第2は概念的利用（conceptual use）である［Patton 2008：103］．重要な立場にある人々が政策についてどのように考えるかということに評価が影響を与える．彼らは評価結果を重要なものであると捉えて真剣に考えるが，具体的な行動や決定がもたらされるわけではない．第3は象徴的利用（symbolic use）である［Patton 2008：104］．評価の過程や結果に対する象徴または修辞的な支持である．この場合，過程と結果を実際

に真剣に捉える意思はないが，調査や評価の結果が政治的な対話においてます
ます重要なものになっていることに伴い，一般的なものとなっている．

　評価結果の利用はこのように類型化できるが，実際の利用の方法については
政策の改善という道具的利用のような直接的な利用よりも間接的な利用の方が
一般的であるとされている［Weiss 1998：邦訳 419］．このような利用は外部から
は見えにくく効果も小さい場合が多いため，評価者は満足できないかもしれな
いが，重要な利用方法であるとされている［Weiss 1998：邦訳 419］．間接的な利
用には，具体的には以下の 4 つがある［Weiss 1998：邦訳 418-419］．第 1 は既存
の認識に対する確信を強めるための利用である．これは評価の結果指摘される
問題点は既に認識されている場合も多いことによる．第 2 は変革を実現するた
めに迷っている人や反対している人を説得して支持を集める材料としての利用
である．第 3 は現象や評価対象への関係者の理解促進や啓発のための利用であ
る．それによって評価の結果得られた知見が学問に取り入れられ，一般的な知
識となる．第 4 は政策を改革する際の指針としての利用である．ただし，これ
は他の 3 つに比べると珍しいとされている．

　評価結果の利用についてはこのようなパターンがあるとされているが，利用
されない理由についても研究されており，組織の特徴と，評価を実施する側と
評価される側の認識のずれ，政治的制約の 3 点に整理できる．第 1 は組織の特
徴である［Weiss 1998：邦訳 409-11］．組織は現状を満足できる適度な状態であ
ると考え，既存の価値観や仕事の進め方に疑問を持たない傾向がある．特に行
政などの公共部門の組織は市場部門にあるような競争にさらされていないため，
この傾向は強くなりやすい．また，組織の外部との関係において，外部の人や
組織に新しい取組みが受け入れられるか，社会における支配的な価値観や関心
に反するのではないかということが懸念される．自治体評価についても地方自
治体の統治構造上の問題があるとされている［西出 2016：20］．例えば地方自治
体には，国の政策で大枠や方向性が決められていて裁量の範囲が少ない政策も
多いことや，地方自治体独自の政策であっても財力や事業の規模に一定の限界

があるといったことが指摘されている．また，評価結果をどのように利用する
のかということに関する基本的なルールがあればよいが，そのようなルールは
作ることも，作った後に組織の同意を得ることも難しいとされている［西出
2016：19].

　第2は評価を実施する側と評価される側の認識にはずれが生じることである
［Weiss 1998：邦訳 411：Hutchinson 2017：31-33].　評価者の一番の関心は評価対象
の政策が目的を実現できているかどうかということにあり，それを明らかにす
るための手法にもこだわる．しかし，評価される側も同じようにそれだけを考
えているわけではなく，組織として存続することが大きな関心の1つである．
また，評価者にとって政策はある状況への介入だが，行政職員にとっては心理
的・政治的な存在理由，信念の拠り所，仕事，稼ぐ手段，成功へのステップと
して認識されている場合もある．さらに，時間軸の違いも重要な点である．評
価者は評価結果がただちに利用され，変化が生じることを期待する．しかし，
評価結果が組織に認識されて支持を獲得し，資源が実際に配分され，動かされ
るまでには時間がかかる場合もある．また，評価結果は評価対象の政策に関わ
る人や組織にすぐに，また完全に受け入れられ，実行されることを評価者は期
待している．しかし，このような考え方は複数の仕事の中での優先順位，組織
や個人の価値観，変革の実現可能性や必要なコスト，政治的支援の必要性など
を軽視していると言える．自治体評価については，目標の達成に向けた緊張感
やインセンティブが創出されないことが結果が利用されない理由の1つである
とされている［西出 2016：19-20].　これは目標値がどの程度の重みを持つもの
であり，達成の責任は誰が負っているのかが曖昧であることによるとされてお
り，評価を実施する側と評価される側の認識のずれに関連するものであると言
える．

　第3は政治的制約である［Weiss 1998：邦訳 411-15].　評価対象の政策は政治
的過程に基づく力によって形成され，維持されており，賛成して支援してくれ
る人だけでなく反対する人や妨害する人もいる．そのため，政策の責任者にと

って評価は助けになるものよりも脅威となるものである場合も多い．また，政府の要職に就いている人は評価対象の政策の将来を決定する権限を持っているが，同時に彼らは政治にも関係している．また，現場よりも上の地位にいる人は現場の職員よりも様々な政策に関わっているため，1つの政策に対する愛着や執着，こだわりが弱い．また，組織外部からの期待や反応にも敏感であるため，望ましくない評価結果が出ている政策を守ろうとすることは少ないとされている．自治体評価の結果が利用されない理由の1つとしてもレントシーキングが指摘されている［西出 2016：20］．つまり，効果が曖昧な場合や低い場合でも政治的に廃止できない，担当者や担当部署が存続させたいと考えており，自己評価においてその事務・事業の存在を否定するような評価結果を導き出すとは考えにくいとされている．

（2）評価結果の利用と政策過程

（1）で述べたように評価結果の利用には3つの類型があるが，それらのうち，本書では主に道具的利用を想定している．そのため，以下では政策過程と政策形成との関連で，政策を評価することについてどのように捉えられているか，また評価した結果をどのように利用するべきであると考えられているかを説明する．

　政策過程において政策を評価するという段階は政策過程の最後の段階として位置付けられており，評価は使用された資源の量，実施された活動の内容，達成されたこと，実績値などを関連する基準などと比較した結果などの情報をもたらすものである．それらの情報から実施された政策の必要性や有効性，費用対効果を評価し，必要に応じてその政策を見直し，新たな政策立案等にフィードバックするという役割を果たす［中村 2006：57；Wholey 1989：286］[9]．フィードバックを行うことによって過去や現在を教訓とし，政策や政策過程を徐々に進歩させることができるため，評価から得られた情報のフィードバックは適切な政策や効果的な政策，新たな政策を企画立案していく上で不可欠なものである

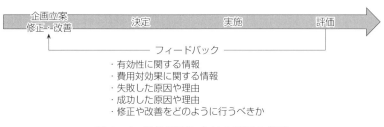

図1‐1　政策過程における評価の役割

出典：筆者作成.

とされている［真山 2001：46；82；森脇 2010：163；172］．評価後のフィードバックが果たすこのような役割から，政策形成の過程は評価結果を出発点とし，政策のよしあしの原因や理由の探求，修正案等の対応策の立案と利害関係者間の合意形成と続く長い分析過程，政治過程であるとされている［窪田 2005：29］．つまり，政策過程の一般的なモデルでは，評価は最終段階として位置付けられているが，図1‐1のように評価後のフィードバックによって評価と企画立案がつながっていると言える．そのため評価を通じて得られる情報には，失敗したあるいは成功した原因や理由，また政策に修正を加える必要があるなら，それをどのように行うべきなのかなどが含まれている必要があるとされている［窪田 2005：29］．

　ただし，評価結果は自然にかつ適切な形でフィードバックされるわけではなく，適切にフィードバックされ，利用されるためには，以下のような条件が必要であるとされている．[10] 第1に，重要な意思決定者に近い部署が事務局となって評価が組織的に実施されることである［Polivika and Stryker 1989：294］．これは例えば長に近い部署，政策立案の役割を公式的に担っている部署などが挙げられる．それによって，重要な意思決定者にとって優先度の高いものが評価対象として選定されやすくなるとされている［Polivika and Stryker 1989：295］．第2に，評価対象の選定や調査のデザインに重要な意思決定者が積極的に関わっていることである［Polivika and Stryker 1989：295］．彼らの積極的な関わりによ

って，評価結果の持つ影響力が高まるとされている．第3に，予算編成の過程が評価の結果得られたデータを含む情報に基づく比較的合理的な意思決定の手続きを伴う構造を持っていることである［Polivika and Stryker 1989：297］．第4に，重要な課題に対応できるように評価制度が設計されていることである［Polivika and Stryker 1989：298］．具体的には客観性や正確性の高い情報をもたらすことができることや，課題の解決にタイムリーに貢献できることなどが求められる．第5に，評価者が政策過程や予算編成の過程において明確に発言できることである［Polivika and Stryker 1989：299］．ただし，評価者は必ずしも安定した環境で評価を実施できるわけではないため，政治的なニュアンスや心理的なニュアンスにも敏感でなければならないとされている［Polivika and Stryker 1989：299］．第6に，意思決定者が評価結果ではない要素に基づいて頻繁に政策選択を行うという事実があるからといって評価者は堕落してはならないということである［Polivika and Stryker 1989：301］．これは政治的・財政的な状況との関係で，政策の変更や評価の結果とそれに基づく提言は最初は拒否されることもあるが，新規の政策または修正された政策において事後的に利用される場合もあるためである．このような条件が満たされ，評価結果が一貫して利用されているのであれば，評価結果は政策形成や予算編成の過程において政治や経済などに関するその他の情報と同等またはそれ以上の役割を果たすものとして中心に位置付けられるものとなるだろうとされている［Polivika and Stryker 1989：292］．

（3）自治体評価における政策の改善への評価結果の利用

　（1）と（2）では政策評価論や政策過程，政策形成の理論においてどのように述べられているかを整理した．以下では，自治体評価において政策の改善への評価結果の利用とは何を意味しているのか，実際にどのようになされているのかということの具体像を示す．

　総務省自治行政局市町村課行政経営支援室による調査では，評価結果の利用

方法は当該年度の事業の執行，定員管理要求・査定，次年度の重点施策や重点方針，継続中の事務事業の見直し，総合計画等の進行管理，トップの政策方針の6種類に分類されている［総務省自治行政局市町村課行政経営支援室 2017：6］．多いのは継続中の事務事業の見直し（94.0%），当該年度の事業の執行（84.7%），次年度の重点施策や重点方針（82.0%）である．また，評価結果を利用する主体としては首長や行政職員，議員などの政策に関する意思決定者，市民が挙げられている［田中 2014：37］．

　本書では，近畿地方の2府5県とその市町村で2014年度から2018年度に実施された外部評価を対象として，評価結果の利用の具体像とその現状を示す．具体的には，評価結果の利用状況を公表しているかどうか，また公表している場合はその内容を調査した．調査を実施したのは2019年7月であり，各地方自治体のホームページを確認するという方法で調査した．外部評価の結果を対象としているのは，外部評価であれば評価結果にどのように対応しているかをまとめて公表している場合もあるが，自己評価については評価結果への対応をまとめているかどうかわからない場合，まとめていても公表していない場合が多いためである．

　調査の対象とした2014年度から2018年度の間に運用されており，ホームページで評価結果が公表されていた評価制度は54であった．また，その中で評価結果の利用状況や対応状況をまとめて公表しているのは12であった．

　公表されている利用状況の内容は，取組みの方向性・方針，実際の対応状況，予算への反映状況，その他に分類できる．それぞれ該当する制度の数は取組みの方向性・方針が9，実際の対応状況が8，予算への反映状況が2，その他が1であった．取組みの方向性・方針とは，現状維持や見直し，終了などを意味しており，選択肢が用意されている場合が多い．実際の対応状況とは，外部評価における指摘や提案に対してどのようにどの程度対応しているのか，対応する予定なのかを説明しているものであり，文章で説明されている場合が多い．予算への反映状況とは，実際に予算額がどの程度変化したのかを示しているも

表1-1 外部評価結果の利用に関する情報の公表状況

利用状況を公表している制度の数／外部評価制度の数＝12/54			
内訳	取組みの方向性・方針	実際の対応状況	予算への反映状況	その他
	9	8	2	1

注1：1つの地方自治体が複数の制度を運用している場合があるため，団体数ではなく制度の数でカウントしている．
注2：1つの制度が複数の項目に該当する場合もある．
出典：筆者作成．

表1-2 外部評価結果を踏まえた取組みの方向性・方針の具体的な内容

取組みの方向性・方針	具体的な内容
見直しの具体的な内容	・拡充・重点化する ・手段等を改善する 　① 外部評価における指摘や提案の全部または一部を取り入れて実施する 　② 外部評価における指摘や提案と同等の効果を持つ別の方法で対応する ・効率化する ・簡素化・縮小する ・他の政策と統合して実施する
見直す時期を定める	・当該年度（n 年度）に対応する ・n+1年度運営方針に反映させる，または n+1年度に対応する予定 ・n+1年度には対応できないが今後引き続き検討する ・継続するが終了の時期を設定する
外部評価の結果に対応することが困難または不可能	

出典：筆者作成．

のであり，どれだけ削減できたかという視点からまとめられている場合が多い．これらをまとめたものが表1-1である．

　また，取組みの方向性・方針と実際の対応状況を分類すると，評価結果を利用して政策を改善するというのは，見直しの具体的な内容を決める，具体的な内容に加えて見直す時期を定める，具体的な内容までは示せないが見直しの時期を定める，対応が困難または不可能と判断するというパターンに分類することができる．これらをまとめたものが表1-2である．

　このように，地方自治体では評価結果の利用状況をまとめている場合もある
が，数は少なく，外部評価を実施していなければ利用状況は外部からは確認で
きない場合が多い．評価を実施すれば様々な情報を得ることができるが，その
全てをそのままの形で直ちに利用できるとは限らない．しかしどのように変更
すれば利用できるようになるのか，またどれくらいの時間をとれば利用できる
ようになるのかといったことを検討することは可能である．完璧な評価結果で
はないからという理由で利用せず，進化への工夫を停止させてしまうと状況は
何も変わらなくなってしまうとされている［西出 2019：1］．つまり，評価結果
がそのままの形で直ちに利用できるものではないことは，利用しないあるいは
利用できないことの理由にはならないと言える．もちろん評価結果の中には内
容や時期を変更しても利用することが困難または不可能なものもある．しかし，
評価制度では結果の利用についても規定されていることから，このような検討
は必要であり，その過程や結果を公表することもアカウンタビリティの観点か
ら重要であると言える．

＋ お わ り に

　本章では，本書の研究対象である自治体評価と評価結果の利用について述べ
た．自治体評価を評価手法の観点から見ると，業績測定を中心とする簡易な体
系的評価という評価手法を用いている．業績測定は他の手法に比べると専門性
が低いが，体系的評価の要素を取り入れたり外部評価を組み合わせたりするこ
とによって評価結果の正確性と客観性を補完できる．また，評価制度の観点か
ら見ると，事務事業を中心的な評価対象として全庁的に制度化し，評価表や評
価シートと呼ばれる統一の書式を用いて評価を実施するという特徴がある．ま
た，課題としては評価結果の利用状況に差があることや評価についての行政職
員の負担感，アカウンタビリティが十分に果たされていないことなどが指摘さ
れている．

　本書ではこれらの課題の中でも評価結果の利用促進をとりあげることから，本章では評価結果の利用について政策評価論では利用の類型や利用を促進する方法，利用されない理由などに関する研究がなされてきたことを述べるとともに，自治体評価における評価結果の利用の具体像とその現状を明らかにした．また，本書では政策の質的改善のための利用を特に対象とすることから，政策過程における評価の役割についても整理した．

　本章の内容を踏まえ，次章以降では評価についての行政職員の負担感や，評価への行政職員の参加による当事者意識の向上についてその詳細を述べていく．それらを通じて，評価結果の利用を促進する方法の1つは評価についての行政職員の負担感を軽減することであり，そのためには評価の過程への行政職員参加による当事者意識の向上と，評価結果の報告方法の工夫による評価のイメージの改善が有効であることを述べる．

　注
　1）　例えば，教育委員会事務執行評価や地方公営企業に義務づけられている評価，指定
　　　管理者制度における評価などが挙げられる．
　2）　本書では評価結果を使うことについては「活用」ではなく「利用」を用いている．
　　　ただし，総務省自治行政局市町村課行政経営支援室の調査では「活用」とされている
　　　ため，ここでは「活用」としている．
　3）　例えば京都市では「客観指標の設定マニュアル」を作成している．
　4）　このような義務的な業務で裁量の余地がほとんどない政策については毎年評価する
　　　が，必要性の評価のみを行い，1年では効果が出ない政策で企画立案に自主性のある
　　　ものについては効果が現れる頃に有効性を評価するという方法も提案されている［窪
　　　田 2018b：3-6］．また，ケトル（Donald Kettl）のように，問題の定型度によってル
　　　ーティンな問題と非ルーティンな問題に分けて適切な対応策を考えるという方法もあ
　　　る［Kettle 2009：邦訳 98-106］．
　5）　評価結果を公表しているかどうかは評価対象（政策・施策・事務事業）によって異
　　　なる．
　6）　住民等から意見を取り入れる仕組みは45.0％が設けている［総務省自治行政局市町
　　　村課行政経営支援室 2017：4］．しかし，それを利用して意見を述べる人はほとんどお
　　　らず，評価結果がマスコミにとりあげられるということも非常に少ない．例えば京都

市では評価制度について市民が意見を申し出ることができるようになっているが，評価制度の創設当初を除いて 0 件が続いている［京都市 2018b：35］.

7） 構想日本 事業仕分け（http://www.kosonippon.org/project/shiwake/，2020年 8 月30日閲覧）.

8） 2000年代になると評価の影響という概念も提起された．評価の影響とは，評価の利用の概念を拡張し，評価の様々なインパクトを包括的に捉える考え方である［田辺2019a：1；益田 2019］.

9） 政策過程の説明では最終段階に位置付けられるが，事前評価も重要なものの 1 つであり，府省では規制の事前評価が制度化されているし，公共事業の事前評価は地方自治体でも実施されている．しかし，本書では特定の分野に限定した評価ではなく全庁的に実施する評価を対象としていることと，事後的に実施する評価を対象としていることから，事前評価については触れない.

10） これらの条件は，政策過程においてより効果的な評価を行うためのフロリダ州における取組みを対象とした研究から導き出されたものである．そのため，これらの条件が絶対的なものでどの州にもあてはまるわけではないが，他の州にとっても十分参考になるものであろうと述べられている［Polivika and Stryker 1989：293］.

第2章 自治体評価の負担感とイメージの関係

──兵庫県宝塚市の行政職員に対するアンケートから──

＋ はじめに

　本書では政策の評価について行政職員が持っているイメージと負担感は関係しており，イメージに影響を与えるものの1つとして評価結果の報告方法に注目している．本章では，政策の評価に関わる行政職員が持っている評価についてのイメージと負担感の程度の関連性について独自の調査を通じて明らかにする．

　自治体評価の課題の1つである負担感に影響を及ぼしている要素としては，業務量の多さや評価に類似する業務が複数存在すること，評価結果が利用されないことなどが指摘されている．本書では社会心理学における態度研究に着目し，負担感に影響する新たな要素の1つとして自治体評価について行政職員が持っているイメージが関係していると仮定する．その上で，自治体評価に対するプラス・マイナスのイメージと，そのイメージを表す漢字1文字，その漢字を選択した理由を尋ねるというアンケートを実施した．その結果，イメージがプラスであるかマイナスであるかに関わらず，挙げられた漢字は「改」や「難」が最も多く，自治体評価は改善のために実施するもの，難しいものと認識している職員が全体としては多く見られた．また，漢字を選択した理由も合わせて分析すると，政策を評価することについてマイナスのイメージを持っている場合，そのイメージが感情などの主観的な要素に基づいているほど負担感

が大きいことが明らかになった.

　行政では，評価に関する業務は負担であるからできるだけ簡易な方法がよい
が正確で役立つ評価結果も欲しいと捉えられている，負担感や評価疲れが訴え
られているなど，あまりよいイメージではないと考えられる．イメージとは，
自治体評価に対する行政職員の認識であり，感情に関するものと自治体評価の
機能に関するものの両方の要素を含む．また負担感とは，業務の量が多いこと
や業務の実施に時間がかかること，必要性が理解できないことや評価結果が利
用されないことから生じる徒労感などから行政職員が感じている負担である．
独立行政法人の評価や大学評価など地方自治体や府省における政策の評価以外
の分野でも課題の1つとして挙げられていることが多く，様々な分野の評価に
おいて指摘されている．詳細は次節で述べるが，評価についての行政職員の負
担感は行政の現場においてのみ訴えられているものではなく，研究者も関心を
持って取り組んできたテーマの1つである[1]．しかし，依然として課題の1つと
されているという状況であり，その実態や原因，発生のメカニズムなどを解明
すること，測定することなどは難易度が高いと言える．そこで筆者は負担感の
実態により迫る方法の1つとして，政策を評価することのイメージを漢字1文
字で表現するという新たな調査方法を試みた．このような調査方法は従来とは
大きく異なるものではある．しかし，あるものごとを漢字1文字で表現すると
いう方法は，例えば公益財団法人日本漢字能力検定協会による「今年の漢字」
や「今，あなたに贈りたい漢字コンテスト」，産経新聞社と立命館大学白川静
記念東洋文字文化研究所による「創作漢字コンテスト」などにも見られる．
「今年の漢字」は1年の世相を表す漢字1文字を全国から募集し，最も多かっ
たものを清水寺で発表するというものであり，1995年から実施されている．
「今，あなたに贈りたい漢字コンテスト」は家族や友人などに日頃は言えない
素直な気持ちを漢字1文字で表して贈るというものであり，2013年から実施さ
れている．「創作漢字コンテスト」は現代の日本の世相や生活を表す漢字や，
将来への夢が膨らむような漢字1文字を創作するというものであり，2010年か

ら実施されている．このように，研究においてはとられてこなかった方法ではあるが，社会においては例もある．また，これらは毎年多数の応募があることや，「今年の漢字」は年末に新聞やテレビでとりあげられていること，「今，あなたに贈りたい漢字コンテスト」は道徳の教科書においてもとりあげられていることなどから一定の認知度もあると考えられる．

　本章では，負担感に関する先行研究の現状と課題を整理し，社会心理学における態度研究が役立つ可能性を示す．その上で，自治体評価に対するイメージと負担感に関連性が見られることを兵庫県宝塚市において筆者が実施したアンケートから明らかにする．なお，自治体評価は地方自治体で実施されている政策の評価，行政評価は宝塚市の制度名を指す用語として使用している．

┼ 1．政策の評価に関わる行政職員の負担感

　本節では，行政職員の負担感に関する先行研究で明らかになっていることを整理し，負担感がどのようなものなのかを説明する．具体的には，起源，用語の種類と意味，発生のメカニズム，自治体評価制度の休止・廃止との関係，改善策という観点から述べる．

（1）起　　源
　行政における政策の評価に関しては，三重県の事務事業評価の担当者の１人であった中嶋が問題点の１つとして作業量が膨大であることに加え，一時期に集中することから負担感が生じていることを1999年に指摘しているものが最初であると考えられる［中嶋 1999：3-4］．その後は2007年から指摘されることが増加し，2013年頃までがよく指摘されている時期である[2]．

　府省や地方自治体における政策の評価以外の分野としては，公共部門における評価全般，ODA 評価，非営利組織における評価，独立行政法人における評価，研究開発の評価，大学評価，図書館の評価，教育の分野における評価，公

会計などが挙げられる．これらの分野でも2010年前後に最もよく指摘されており，特によく指摘されているのは独立行政法人の評価と大学評価の分野である．

（2）用語の種類と意味

負担感を表す用語は複数存在しており，直接的に表しているものと関連するものに分けられる．直接的に表しているものには評価疲れ，負担，職員負担，作業負担，負担感，やらされ感，調書の重複，徒労感がある．関連するものには評価不安，形骸化，制度疲労，経年劣化，実施コスト，評価の費用対効果がある．これらの用語は明確に使い分けられているわけではないが，最もよく使用されているのは「評価疲れ」であり，次いで「負担」や「職員負担」，「作業負担」，「負担感」など負担を表すものがよく使用されている．

分野に関係なく明確な定義は存在せず，様々な用語がほとんど同じ意味で用いられている．多くの場合，業務の量が多いことが大変である，あるいは時間をかけて評価に取り組むが，その評価結果が利用されないことにより徒労感が生じているという意味で用いられている．ただし，業務の量が多いというのは，政策の評価に関する業務そのものを指している場合と，類似・重複する業務と合わさって業務量が増加していることを意味している場合があるが，前者を指している場合が多い．誰の業務量が多いのかということについては，事務局の職員と施策・事業の担当課の職員に分けられ，役職によっても異なると考えられるが，区別していない場合が多い[3]．

負担感の具体的な内容は以下のように整理されている［池田 2015：京都府立大学京都政策研究センター・京都府総務部自治振興課 2015］．施策・事業の担当課にとっては，評価表の作成は本来の業務ではなく上乗せされたものであると認識されていること，指標の設定が困難なこと，作成しなければならない書類が多いことなどが負担となっている．また，事務局の職員にとっては少数の職員で毎年度多くの評価表をとりまとめることや1つの評価表について施策・事業の担当課との間で評価表の修正と確認を繰り返すことなどが負担となっている．また，

両方に共通するものには評価結果が利用されているのかどうかわからないことによる徒労感や評価を実施しても目に見える成果が表れないことがある.

　分類については，肉体的負担と精神的負担［京都府立大学京都政策研究センター・京都府総務部自治振興課 2015］，身体的負担と精神的負担［岩渕 2013］，やらされ感と負担感［佐藤 2008］などがある．ただし相互に関連しているものもあるため，明確に区別して分類することは難しい場合もある.

（3）負担感発生のメカニズム

　負担感が生じるメカニズムを示しているものには佐藤［2008］と渡邉［2013］がある．佐藤によれば，政策を評価することの必要性とその認識が十分に浸透していないことから生じるやらされ感と負担感の2つが合わさって疲労感（評価疲れ）が生じる［佐藤 2008：87-90］．渡邉［2013］によれば，地方自治体の第一線職員の職務遂行における特徴から考えて，職員にとって評価が有効なものではないことからやらされ感や負担感が生じる.

　アメリカ合衆国では，評価制度の運用を阻害する要素の1つとして過剰な評価不安（evaluation anxiety）も挙げられている．評価不安とは，評価の場面において業績によって否定的な結果が生じ得ることに対する懸念に伴う感情や認知，行動に関する一連の反応を表す概念である［Donaldson, Gooler and Scriven 2002：262］．評価不安が評価制度の有効性を低下させていることから労力の割に役に立っていないという不満を生じさせ，負担感につながっているとも考えられる[4]．これらの先行研究から，負担感を考える際には政策の評価に関する正確な知識と評価結果の利用が重要な要素であることがわかる.

（4）自治体評価制度の休止・廃止と負担感との関係

　自治体評価は三重県が1996年に事務事業評価を導入してから23年が経過しているが，休止・廃止する地方自治体も増加している［窪田・池田 2015；総務省自治行政局市町村課行政経営支援室 2017］．総務省による2016年度の調査によれば，

休止・廃止している地方自治体は4.8％であり，2013年度に実施された前回の調査から1.9ポイント増加している［総務省自治行政局市町村課行政経営支援室 2017：2］．

　休止・廃止の理由のうち負担に関するものは以下のようになっている．政令指定都市を除く51の市区町村では「事務量に対して効果が少ないから」(13.7％)，「職員の事務負担が大きいから」(9.8％) となっている［総務省自治行政局市町村課行政経営支援室 2014：3］．これらを合計すると23.5％と最大となる．

　以上より，負担感は自治体評価の休止・廃止とも関係していると言える．一方，文献上で指摘されることは減少傾向にある．しかし，このような状況を踏まえると，指摘が減少したのは改善されていることを意味しているわけではなく，依然として課題の１つであると考えられる．

（5）改　善　策

　負担感の改善策には政策の評価に関する業務の合理化と，政策の評価に関する正確な知識を持つことの２つがある．政策評価論において負担感の改善策として挙げられることが多いのは業務の合理化の１つである簡素化・縮小である．その他の分野では改善策として業務の簡素化・縮小が挙げられている場合もあるが，具体的な改善策が検討されたり提案されたりしていることは少ない．

　１つ目の業務の合理化には，評価の簡素化・縮小と類似・重複する業務との調整の２種類がある．評価の簡素化・縮小とは，評価表の簡素化や１年度あたりの評価対象数の削減などだが，必ずしも有効な改善策ではないとされている［佐藤 2008：87；田中 2014：72］．この改善策は評価の費用対効果の向上をねらっているが，むしろ評価の質が低下し，評価の実施による効果も低減する可能性があるため，費用対効果が向上するとは限らないと指摘されている．

　一方，個別の計画の進捗管理や決算に関する業務など政策の評価に類似・重複する業務が存在することも確認されている［池田 2015；京都府立大学京都政策研究センター・京都府総務部自治振興課 2015；佐藤 2008：88-90；政策評価各府省連絡会議

2013：4].　この点については評価制度をより効果的に運用することや評価結果
の利用促進などとの関連で指摘されていることもあるが，負担感の軽減にもつ
ながると考えられる．よって何らかの方法でそれらと政策の評価に関する業務
を調整して簡素化・縮小を図ることは，業務全体の効率性を高めることにもな
るため有効であると言える[5)]．

　また，評価そのものの重複という課題もある．評価そのものの重複とは，1
つの政策が複数の評価制度において評価対象となっていることである．例えば，
研究開発型独立行政法人に関して複数の評価が錯綜していることによって評価
作業の過度の負担が生じ，本来の業務が圧迫されているという指摘もある［橋
本 2017：95-100；山谷 2017：93-94］．また，府省が実施する施策レベルでの事後
評価である目標管理型評価では異なる評価制度間での連携を確保し，事務負担
を軽減することの必要性が改善点の1つとして挙げられている［総務省 2012：
1-4］．

　2つ目の改善策は政策の評価に関する正確な知識を持つことである．政策の
評価に取り組む上では知識の増加や技能の向上，エンパワメントが重要である
とされている［山谷 2015］．また，具体的には評価の基礎を理解している人が
経験を積みながら，各評価手法の長所と短所，測定や分析の効用の違いを理解
して携わることが望ましいとされている［山谷 2015：94；長峯 2014：111］．

　このように，政策を評価するためには手法や制度に関する知識や理解が重要
であるとされており，効果的に実施するためのポイントの1つとして指摘され
ている場合もある［古川 2008：150；古川・北大路 2002：316-318］．これらの先行
研究では正確な知識の不足が負担感につながると直接的に述べられているわけ
ではない．しかし，上述した産業・組織心理学における仕事に関するストレス
の説明から，仕事をする上で自分の仕事や役割を理解していることは重要な要
素である．つまり政策の評価においても，政策の評価に関する正確な知識を持
っていることは負担感と関係していると考えられる．さらに，正確な知識が不
十分な状態で導入したことによる弊害を指摘している先行研究では，1990年代

半ばから地方自治体では評価制度が盛んに導入されていったが，ブームのように導入されていったため，副作用も生じたと指摘されている［山谷 2009：49-50］．1つはブームが終わると担当者にとっては手間ばかりかかる難行苦行となったこと，もう1つは理論的妥当性や技術的可能性を深く考えず準備不足の状態で導入したため，評価手法の経年劣化や評価制度の制度疲労を招いたことである．これらの先行研究より，政策を評価するためには評価の理論や特徴，限界などを理解していることが重要であり，それは負担感とも関係していると言える．正確な知識を持たせる方法としては評価研修が挙げられることが一般的であり，評価制度を効果的に運用していくためには必要かつ重要なものであるとされている［田中 2014：292-293；古川 2008：150；古川・北大路 2002：316-18］．ただし，評価研修に関する研究は少なく，実際には評価研修の実施時期については導入時の研修が特に重視されている，施策・事業の担当課ではなく事務局の職員を対象としたものが多い，効果的な評価研修を継続的に実施するためには困難も多いなどさらなる研究が求められる分野であると言える［池田 2019a］．

2．負担感に関する先行研究の現状と疑問

　本節では前節の内容を踏まえ，負担感に関する先行研究で明らかになっていることから考えられる疑問を指摘する．政策評価論における負担感の研究は，負担感に影響するものとして業務の内容や量の多さに注目したものが中心であり，認識や理解度に注目しているものは少ない［池田 2017；池田 2018a；京都府立大学京都政策研究センター・京都府総務部自治振興課 2015；総務省自治行政局市町村課行政経営支援室 2017；佐藤 2008］．これらの研究から業務の内容や量による負担感についてはある程度明らかになったと考えられる．

　一方で，以下のような疑問も指摘できる．第1に，自治体評価に関する業務に負担を感じるかどうかを尋ねると，感じるという回答が多いが，多すぎるのではないかということである．また，本当にそこまで負担なのか，何がなぜ負

担なのかということは明確ではない部分もある．つまり，負担かどうかを尋ね
ると大半の人が負担であると回答しており，何が負担かを選択肢で尋ねても負
担ではないという結果になるものはほとんどない［池田 2015］⁶⁾．

　第2に，負担感に影響している要素には，業務の内容と量だけでなく自治体
評価に対する認識や理解度も含まれていると考えられ，池田［2018a］はその点
に着目しているが，その調査結果には若干の疑問が生じる．池田［2018a］では，
政策の評価をどのようなものとして捉えているか，評価の目的や制度を理解し
ているかを調査した．この調査では評価制度の目的や機能，それらに対する
様々な認識を選択肢として設定し，回答してもらうという方法で試みた．その
結果，偏見や誤解などはないことが明らかになった．この結果から考えられる
こととしては，どうあるべきかは理解していても，どの程度そう思っているの
か，どの程度理解しているのかなどは回答に反映されていないのではないかと
いうことである．

　これらの疑問については，肯定的検証方略という調査方法が影響している可
能性もある［工藤 2010：18］．ある仮説を確かめるためにする質問は，その仮説
が正しければ肯定的な回答が返ってくるような質問であり，そのような検証方
法を肯定的検証方略と言う．これはアンケートとして一般的な方法であり，選
択肢による回答は統計的な処理を行うためにも必要だが，この方法にはどちら
かというと肯定的な回答を導きやすいという欠点もある．このことから，選択
肢から回答するのではなく，回答者自身が考えて記述するという方法に変更す
ることが考えられる．さらに本書では，評価制度の目的や機能を尋ねるという
直接的な質問ではなく，イメージがプラスかマイナスか，そのイメージを漢字
1文字で表現するなどの間接的な方法で尋ねるという方法を試みた．

╋ 3．負担感に関する研究と心理学

　本節では第1節と第2節の内容を踏まえ，課題を改善する1つの可能性とし

て社会心理学の態度研究をとりあげる．態度研究において，人が物や人に対して持っているイメージは行動にどのように影響するとされているのかを説明し，それが負担感に関する研究とどのように関係するのかを述べる．

　自治体評価の負担感に関する研究と心理学の関係については産業・組織心理学の研究を参考にしたものがある［池田 2018a；佐藤 2008］．佐藤［2008］は動機付け理論と職務特性理論を用いてやりがいと達成感を実感できる創造型政策評価を提案している．また，池田［2018a］は職務とストレスの関係の研究を参考にして業務の内容や量から生じる負担感を説明している．

　本書では，ある物や人，事柄に対して人が持つイメージが行動に与える影響に注目しており，これには社会心理学における態度や印象に関する研究が関係している．一般的にイメージという言葉で表されるものを，心理学では印象と言う．印象は主に性質を表す形容詞や名詞で表現され，物や人に対する感情や感覚を示す．印象に関する研究では，人の行動は状況の意味に対する意識によって規定されることが前提とされている．つまり，ある特定の印象を意識するという認知の作用によって，その後の行動が規定されるということである［神宮 1996：6］[7]．ただし，印象の研究は感情に関することが中心であるため，感情と認識を合わせてイメージとしており，イメージと行動の関係に着目している本書は態度に関する研究の方が近いと言える．

　人間の行動の背景には対象への感情や信念，価値観などがあり，それらに基づいて意思決定を行っている．つまり，行動に至るまでの意思決定には心理的状態が介在しており，それによって行動が変化したり方向付けられたりする［唐沢 2010：138；竹村 2005：68-69］．態度も人間の行動の背景にあるものの１つであり，意思決定に影響を及ぼす感情や信念，価値観を指している．態度は感情と認知，行動の３つの成分から構成されており，どのような認知・感情・行動のカテゴリーが選択されるかによって態度が決定される［唐沢 2010：139，竹村 2005：71-73］．感情的成分とは感情や感覚などの情緒的な要素であり，態度の中心的な構成要素である．また，認知的成分とは対象の性質や特徴に関する

知識であり，経験や学習によって獲得される．行動的成分とは対象に対してある行動をとりたい，またはとりたくないという傾向であり，目に見える具体的な動きや決定として現れる［唐沢 2010：139］．

　本書では，態度を構成する 3 つの成分のうち，特に感情的成分と認知的成分がどのようなものであるかをアンケートを通じて明らかにする．それによって，自治体評価のイメージと負担感の程度が関係していることと，自治体評価に関する業務に負担を感じるという態度を構成する要素を明らかにする．これらを通じて，先行研究で述べられている負担感に影響を及ぼす要素に職員が自治体評価に対して持っているイメージを加えることができる．社会心理学は社会における人や集団の行動に関する法則性や問題を扱う分野である［池田 2010：3；亀田・村田 2000：3］．また，態度研究は表面に現れている人の行動や態度の背景にある心理的状態を要素に分けて研究する分野である．このことから，負担感の研究に態度研究からアプローチすることは負担感に影響を及ぼす要素や負担感が生じるメカニズムを検討する上で有効であると考えられる．

４．調査のデザイン

　本節ではアンケートのデザインを説明する．アンケートは2018年 4 月20日（金）と 6 月19日（火）に宝塚市役所で実施された事務事業評価と施策評価の研修において行った．研修は施策・事業の担当課で行政評価に関わっている職員が集まる機会であることから，調査に適した機会であると言える．対象者は 1 回目が施策・事業の担当課で事務事業評価に関わっている課長級と係長級の職員，2 回目が施策・事業の担当課で施策評価に関わっている室長級の職員である．宝塚市は「局 → 部 → 室 → 課」という構成になっており，1 つの部には 2 から 3 の室，1 つの室には 3 から 4 の課が含まれている．

　これらの 2 回のアンケートは同じ質問票を使用している．質問は合計 8 問であり，問 1 から問 5 は研修の前，問 6 から問 8 は研修の後に実施した．本章で

は研修実施前の調査結果のうち，主に問4の結果を用いる．

　問1では部署と役職を，問2では行政評価に関する業務の経験を尋ねる．行政評価に関する業務については「a．評価表の作成，b．外部評価委員会での説明・質疑応答，c．行政評価の主管部署，d．その他」という4つの選択肢からあてはまるものを選択し，その業務が現在何年目かを尋ねる．問3では行政における評価に限らず一般的な言葉として，評価という言葉のイメージを尋ねる．問3－1で評価という言葉のイメージがプラスかマイナスかを5段階で尋ね，問3－2でその理由を記述させる．問4では宝塚市の行政評価のイメージを尋ねる．問4－1で宝塚市の行政評価のイメージがプラスかマイナスかを5段階で尋ね，問4－2で行政評価のイメージを表す漢字1字を挙げさせ，問4－3でその漢字を選択した理由を記述させる．問4では，その漢字を選択した理由から行政評価をどのようなものとして捉えているかを判断する．問5は回答者が関わっている仕事の中で，行政評価に関する業務はどのような位置付けにあると考えるかについて5段階で尋ね，その理由を記述させる．この問は，回答者が持っているイメージと負担感の関係を検討するために設けた．これにより，部分的かつ間接的ではあるが，イメージが態度や行動にどのような影響を与えているかを明らかにできると考えられる．

　2回のアンケートにおける回答者数は以下のとおりである．1回目の調査では，質問票を100枚配布し，回収率は79.0％，有効回答数は75であった．2回目の調査では，質問票を45枚配布し，回収率は82.2％，無効な回答は0であった．本章では，これらのうち施策・事業の担当課に所属しており，行政評価に関する業務の経験があり，役職がわかる回答者を分析の対象とする．1回目のアンケートは事務事業評価に関わっている職員が主な対象者である．その内訳は室長級が2人，課長級が18人，係長級が21人，係員級が1人であり，合計42人である．2回目のアンケートは施策評価に関わっている室長級の職員が主な対象者であり，その内訳は室長級が28人，課長級が2人であり，合計30人である．調査を実施したのは宝塚市のみだが，行政評価制度は業績測定を中心とす

るものであり，自治体評価として一般的なものであると言える［田中 2014；古川 2008］．また，所属している部署で分類する方法もあるが，宝塚市では役職によって関わっている評価制度が異なるため，役職の違いという観点から分析する．

＋ 5．分 析 結 果

　本節では，アンケートの結果に基づき，宝塚市の職員が市の行政評価にどのようなイメージを持っているのかを述べる．その上で自治体評価について行政職員が持っているイメージと，評価に関する業務に対して持っている負担感がどのように関係しているのかを検討する．

（1）宝塚市の行政評価のイメージ

　アンケートでは，宝塚市の行政評価のイメージがプラスかマイナスかを 5 段階で尋ね，そのイメージを表す漢字と理由を記述してもらった．プラス・マイナスのイメージとそれを表す漢字を役職別に整理したものが**表 2 - 1** である．以下では，この表に基づいて調査結果を説明し，理由も踏まえて分析を行う．

　係員級の職員は 1 人であり，イメージは「② どちらかというとマイナス」であった．係長級の職員は21人中「① マイナス，② どちらかというとマイナス」が 9 人，「③ どちらとも言えない」が 8 人，「④ どちらかというとプラス，⑤ プラス」が 4 人であった．課長級の職員は20人中「① マイナス，② どちらかというとマイナス」が 5 人，「③ どちらとも言えない」が12人，「④ どちらかというとプラス，⑤ プラス」が 3 人であった．室長級の職員は30人中「① マイナス，② どちらかというとマイナス」が 6 人，「③ どちらとも言えない」が18人，「④ どちらかというとプラス，⑤ プラス」が 6 人であった．

　課長級以下の職員では，全ての役職で「① マイナス，② どちらかというとマイナス」の方が「④ どちらかというとプラス，⑤ プラス」よりも多い．室

表 2 - 1　宝塚市の行政評価のイメージ

(単位：人, N=72)

イメージ	役職	回答者数	漢字
① マイナス ② どちらかというとマイナス	係員級	1	活
	係長級	9	無・省・改・煩・外・足・分・嫌・駄
	課長級	5	務・要・未・苦・辛
	室長級	6	改・感・負・省・果・何
③ どちらとも言えない	係員級	0	―
	係長級	8	数・析・省・難・改・形・衡
	課長級	12	無・難・重・型・調・細・直・光・目
	室長級	18	改・難・質・判・惑・核・迷・忍・ 無・観・外・評・見・良
④ どちらかというとプラス ⑤ プラス	係員級	0	―
	係長級	4	正・改・益・白
	課長級	3	改・起
	室長級	6	改・難・判・適・直

出典：筆者作成.

長級は「③ どちらとも言えない」が特に多い．また，役職が上位になるほど「① マイナス，② どちらかというとマイナス」という回答は減少し，「③ どちらとも言えない」と「④ どちらかというとプラス，⑤ プラス」という回答は増加していくという傾向が見られる．

　課長級以下の職員では「③ どちらとも言えない」が20人と最も多い．全体としては「② どちらかというとマイナス」から「④ どちらかというとプラス」の選択肢間の差は小さく，どちらかというとマイナスのイメージである．

　室長級の職員では，「③ どちらとも言えない」が18人と最も多く，プラスのイメージを持っている回答者数とマイナスのイメージを持っている回答者数は同じである．

　課長級以下の職員の回答で，宝塚市の行政評価のイメージを表す漢字として挙げられたものとその人数は以下のとおりである．2人以上が回答した漢字と回答者数を多い順に挙げると「改」が7人，「難」が6人，「省」が2人，「無」

が2人である．ただし，漢字は異なっていても，その漢字を挙げた理由は類似している場合もある．

　挙げられた理由は①評価の機能に関するもの，②負担感に関するもの，③評価するということの難しさに関するものに分類できる．行政評価の機能に関するものは，改善や分析，情報の公開，効率化，行政評価と重複する業務の存在に注目している．行政評価の機能について大きく誤解しているものや偏った理解に基づくものはなかった．しかし，無駄を省く，歳出を削減するという面に注目している場合はマイナスのイメージにつながる傾向がある．また，改善という機能に注目している回答は多いが，イメージがプラスかマイナスかについては様々である．よりよくしていくことと前向きに捉えている場合はプラスのイメージとなる．しかし，不十分な点を探したり指摘されたりして問題点を直していくことと捉えている場合，あるいは常に改善を求められていると感じている場合はマイナスのイメージとなる．

　負担感に関するものには，業務の量の多さや煩雑さから負担感が大きいと感じているものと，評価結果が利用されていないため何のために評価しているのかわからないという徒労感を感じているもの，面倒だ，やりたくない，必要性がわからないなどの感情的なものが含まれる．負担感はマイナスのイメージにつながる場合がほとんどだが，マイナスでもプラスでもないという回答もある．これは，負担感はあるが，行政評価の必要性や重要性も理解していることから，マイナスではないということであると考えられる．

　評価するということの難しさには，評価の基準や指標が難しい，設定した基準や指標を用いてどのように評価するか，評価結果をどのように解釈するかが難しいなどが含まれる．このような点に注目している場合，イメージはマイナスでもプラスでもない場合がほとんどだが，その漢字を挙げた理由にはどちらかというとマイナスの傾向が見られる．

　室長級の職員で宝塚市の行政評価のイメージを表す漢字として挙げられたものとその人数は以下のとおりである．2人以上が回答した漢字と回答者数を多

い順に挙げると「改」が4人，「難」が3人，「質」が2人，「判」が2人である．ただし，漢字は異なっていても，その漢字を挙げた理由は類似している場合もある．

　挙げられた理由は，① 評価の機能に関するもの，② 評価するということの難しさに関するものに分類できる．行政評価の機能に関するものは，外部評価による客観性の確保，実施した政策の成果や適切さの判断，改善，振返りという点に注目している．課長級以下の職員と同様に行政評価の機能について大きく誤解しているものや偏った理解に基づくものはなかったが，どのような機能に注目しているかという点は異なっている．具体的には，改善という機能に注目している室長級の職員は少なく，外部評価による客観性の確保，実施した政策の成果や適切さの判断という機能に注目している職員が多い．これは，役職によって評価対象の規模が異なること，また室長級の職員は自己評価に加えて外部評価にも関わっていることなど評価制度や評価に関する業務への関わり方の違いによるものであると考えられる．評価するということの難しさには，評価の基準や指標が難しい，正しく評価できているか，適切に記述できているかという点に自信が持てないなどが含まれる．課長級以下の職員と同様にこのような点に注目している場合，イメージはマイナスでもプラスでもない場合がほとんどだが，その漢字を挙げた理由にはどちらかというとマイナスの傾向が見られる．負担感に関するものもあるが，全体で2人であり，課長級以下の職員と比べると業務の量や煩雑さよりも評価することの難しさから負担を感じている職員が多い．

　「宝塚市の行政評価に対するイメージを漢字1字で表現してください」という問について，挙げられた漢字だけに着目し，2人以上が回答した漢字を挙げると，以下のようになる．「改・難・無」は全ての役職，「省・外」は室長級と係長級，「直」は室長級と課長級で2人以上が回答しており，「質・判・負」は室長級の中でそれぞれ2人以上が回答している．係員級以外の役職では「改」が最も多く，「難」が次に多い．全体としては，2人以上が回答した漢字は多

くない．しかし，挙げられた漢字だけを見ると，宝塚市では，行政評価は改善のためのものだが難しいものであると認識している職員が比較的多いと言える．また，室長級の回答では，他の役職では挙げられていない漢字であり，かつ，室長級の中では2人以上が挙げているという漢字があり，これは他の役職では見られなかった．

　次に，プラス・マイナスのイメージと，イメージを表す漢字としてそれを選択した理由を合わせて考えると，以下のように説明できる．係員級は1人であり，イメージは「②どちらかというとマイナス」と回答しており，漢字は「活」である．その理由は行政評価に関する業務が難しいことである．

　係長級では，「①マイナス，②どちらかというとマイナス」のイメージを表す漢字としては「無・省・改・煩・外・足・分・嫌・駄」が挙げられている．これらの漢字は，行政評価を行う必要性や目的がわからない，評価表を作成することで見たくない面も見える，評価結果が利用されていないという理由から挙げられている．また，「嫌だ，無駄だ」などの感情的な理由もある．「③どちらとも言えない」のイメージを表す漢字としては「数・析・省・難・改・形・衡」が挙げられている．これらの漢字を選択した理由からは，数字や分析など主に行政評価の機能に着目していることがわかる．「④どちらかというとプラス，⑤プラス」のイメージを表す漢字としては「正・改・益・白」が挙げられている．これらの漢字は，行政評価は今後のために行うものであるという理由から挙げられている．

　課長級では，「①マイナス，②どちらかというとマイナス」のイメージを表す漢字としては「務・要・未・苦・辛」が挙げられている．これらの漢字は，評価結果が利用されていない，あるいは適切に利用されていない，重要ではあるがイメージはマイナスであるという理由から挙げられている．「③どちらとも言えない」のイメージを表す漢字としては「無・難・重・型・調・細・直・光・目」が挙げられている．これらの漢字は，行政評価の機能に着目した理由もあるが，類似の業務が存在していて行政評価と重複している，評価表の作成

が手間である，行政評価の目的がわかりにくいなどマイナスのイメージに近い理由が多い．「④ どちらかというとプラス，⑤ プラス」のイメージを表す漢字としては「改・起」が挙げられている．これらの漢字は，行政評価はよりよい状態を目指していくためのものであるという理由から選択されている．

室長級では，「① マイナス，② どちらかというとマイナス」のイメージを表す漢字としては「改・感・負・省・果・何」が挙げられている．これらの漢字は，成果の検証や振返りに対してマイナスのイメージを持っている，評価結果が利用されていない，施策評価と事務事業評価の関連性がわかりにくいという理由から挙げられている．「③ どちらとも言えない」のイメージを表す漢字としては「改・難・質・判・惑・核・迷・忍・無・観・外・評・見・良」という漢字が挙げられている．これらの漢字を挙げた理由は，主に指標の設定や適切な評価など，行政評価に関する業務を行っていく上での難しさに着目している．「④ どちらかというとプラス，⑤ プラス」のイメージを表す漢字としては「改・難・判・適・直」という漢字が挙げられている．これらの漢字は主に，行政評価は改善のために行うものであるという理由から選択されている．

このように，プラス・マイナスのイメージと，イメージを表す漢字としてそれを選択した理由を合わせて考えると，その共通点と相違点は以下のように説明できる．役職に関係なく共通しているのは以下の2点である．第1に，行政評価の機能として認識されているのは主に政策の改善であり，他に見直しや振返り，無駄や歳出の削減などがある．第2に，同じ観点に着目している場合や同じ漢字を挙げている場合でも，イメージがプラスかマイナスかということや，その理由は様々である．つまり，評価に対する認識は同じだが，その認識がどれくらい肯定的か否定的かという程度は異なることを意味している．このことから，同じように評価に取り組んでいて認識は共通していてもイメージは人によって異なり，それが負担感の程度の差と関連しているのではないかと考えられる．

役職によって異なるのは，以下の4点である．第1に，役職が上位になるほ

ど，プラス・マイナスのイメージでは「③ どちらとも言えない」と回答して
いても，その理由についてはマイナスのイメージに近いという回答が増加する
傾向が見られる．第 2 に，施策評価を担当している室長級の回答には事務事業
評価との関連性に言及するものがあった．しかし，課長級以下の回答で施策評
価との関連性に言及しているという逆の回答はない．第 3 に，行政評価に関す
る業務と類似・重複する業務の存在に言及しているのは課長級と室長級のみで
ある．第 4 に，マイナスのイメージに見られる感情的な理由は課長級以下の回
答には見られるが，室長級の回答には見られない．このような違いは業務の内
容の違いによって生じると考えられる．つまり，上位の役職になるほど担当す
る業務が増加し，全体を見るようになる，あるいは見ざるを得なくなるため，
行政評価の目的や必要性，重要性などがわかりやすい．しかし，担当している
事務事業の評価表だけを作成している課長級以下の職員にとってはそれがわか
りにくいということではないかと考えられる．

（2）行政評価に関する業務の負担感

　回答者が関わっている仕事の中で，行政評価に関する業務はどのような位置
付けにあると考えるかということとその理由を尋ねることによって，回答者が
持っている行政評価のイメージと負担感の関係を検討した．位置付けについて
は様々な回答があり得るが，本調査では特に負担感との関係に注目しているた
め，負担感の程度を 5 段階で尋ねた．

　課長級以下の職員の回答では，回答者の仕事の中で行政評価に関する業務は
負担であると認識されている．「① 負担である，② どちらかというと負担であ
る」という回答の理由から，負担の要因として挙げられていることは ① 業務
量の多さ，② 業務にかかる時間の長さ，③ 業務の煩雑さ，④ 評価の手法と評
価対象の性質が合っていないこと，⑤ 評価の目的や必要性，重要性がわから
ないことに分類できる．業務量の多さについては，行政評価に関する業務以外
の業務量が既に多いため，さらに業務量が増えて負担であるという場合と，評

価対象の数が多いため負担であるという場合，行政評価と重複している業務があると認識している場合がある．業務にかかる時間の長さについては，業務量が多いため時間がかかるという場合と，評価することに慣れていない，あるいは必要な知識や技能が不十分であるため時間がかかるという場合がある．これは，業務の煩雑さについても同様のことが言える．「③ どちらとも言えない」の理由は「① 負担である，② どちらかというと負担である」の理由と同じである．これは，負担ではないとは言えないが，負担であるとまでは感じていないということであると考えられる．「④ どちらかというと負担ではない，⑤ 負担ではない」の理由は ① 必要なことだから，② 評価対象の数が少ないからに分類できる．「④ どちらかというと負担ではない，⑤ 負担ではない」という回答は少ないが，必要性を十分認識している職員もいることがわかる．

　室長級の職員は15人が「② どちらかというと負担である」と回答している．「① 負担である，② どちらかというと負担である，③ どちらとも言えない」の理由は，施策評価の難しさ，評価結果の利用，類似・重複する業務の存在に関するものの３つに分類できる．第１に，施策評価の難しさに関するものには，評価対象が施策であるため，含まれる事務事業の数が多く適切に評価することが難しいから，業務量が多く負担であるからという理由が含まれる．第２に，評価結果の利用に関するものには，評価結果が利用されていないことによって徒労感が生じるから，評価が自己目的化しているからという理由が含まれる．第３に，類似・重複する業務の存在に関するものには，評価に関する業務は行政評価以外にも複数あり，行政評価に類似・重複するものもあるため混乱するから，事務量が増えるからという理由が含まれる．また，課長級以下の職員と同様に，「③ どちらとも言えない」の理由は「① 負担である，② どちらかというと負担である」の理由と類似している．「④ どちらかというと負担ではない，⑤ 負担ではない」という回答は少ないが，その理由は，改善やよりよい結果につながるからというものである．

（3）行政評価のイメージと負担感の関係

本書では，宝塚市の行政評価のイメージを表す漢字を，役職別に図2‐1のような座標上に示す．

この座標は，縦軸に行政評価のどのような点に注目しているのかを設定している．上へ行くほど行政評価の機能に基づくイメージとなり，下へ行くほど感情などの主観的な要素に基づくイメージとなる．負担感が関連しているイメージは感情的・感覚的な側面が強いため，主観的なものに分類する．よって下へ行くほど負担感が大きく，上へ行くほど負担感は小さい．また，横軸は宝塚市の行政評価のイメージを設定しており，左へ行くほどマイナス，右へ行くほどプラスとなる．原点は「③どちらとも言えない」である．以下では（1）と（2）の結果に基づき，各象限について説明する．

第1象限のイメージはプラスであり，行政評価の機能に基づいている．この象限に位置付けられる回答は，行政評価の目的や機能を概ね正しく理解しており，4つの象限の中で最も前向きに取り組んでいると言える．ただし，あまり

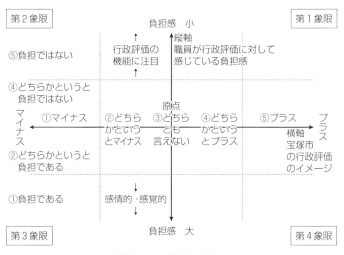

図2‐1　分析の枠組み

出典：筆者作成．

右上に行きすぎると，過度な期待を持っている，あるいは理想視しているという可能性も考えられる．

　第2象限のイメージはマイナスであり，行政評価の機能に基づいている．この象限に位置付けられる回答は，行政評価の必要性や重要性はわかっているが，よいイメージを持っておらず，やりたくない，嫌だという感情的・感覚的な側面も強い．また，左へ行くほど行政改革や歳出削減のためのものという理解が多く見られる．

　第3象限のイメージはマイナスであり，主観的な要素に基づいている．この象限に位置付けられる回答は，行政評価に対して不満や負担感を感じている場合が多く，感情的・感覚的な側面が4つの象限の中で最も強い．

　第4象限のイメージはプラスであり，主観的な要素に基づいている．この象限に位置付けられる回答は，行政評価に対して悪いイメージは持っておらず，行政評価の機能にはあまり注目していない．また，行政評価に対して高い期待感を持っているという傾向が4つの象限の中で最も強い．ただし，現在は評価対象が少ないからマイナスのイメージではないという人，理由はないがプラスのイメージであると回答した人なども該当する．

　（1）と（2）で述べた宝塚市の行政評価に対するプラス・マイナスのイメージとそれを表す漢字，負担感の程度の関係を1つの座標上に示したものが図2-2と図2-3である．課長級以下の職員が持っている宝塚市の行政評価のイメージと負担感の関係を示したものが図2-2である．イメージについてはマイナスのイメージを持っている職員の方が多い．負担感の程度については理由も踏まえて考えると，プラス・マイナスについて「③ どちらとも言えない」と回答している場合でもマイナスのイメージを持っている場合と同様に負担感が大きいという回答が多い．

　室長級の職員が持っている宝塚市の行政評価のイメージと負担感の関係を示したものが図2-3である．イメージについては「③ どちらとも言えない」が多い．負担感についてはイメージがプラスであるかマイナスであるかに関わら

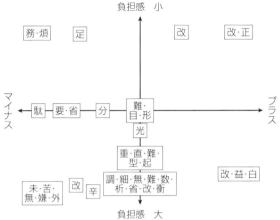

単位：人，N＝42

図2‐2　行政評価のイメージと負担感の関係
（課長級・係長級・係員級）

出典：筆者作成.

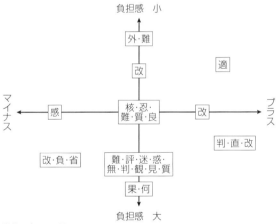

単位：人，N＝28

図2‐3　行政評価のイメージと負担感の関係（室長級）

出典：筆者作成.

ず大きいと認識されている．これは，業務量の多さや感情的・感覚的な理由よりも，評価することの難しさから負担を感じている回答の方が多いことが反映されていると考えられる．

┼ お わ り に

　本節では，本章の課題と可能性について述べる．今回実施したアンケートは，間接的な尋ね方をしており，態度研究の観点を取り入れた構成になっていることが特徴である．しかし，組織によって全く異なる結果が出る可能性があり，今回の結果は宝塚市という1つの地方自治体におけるある1時点の調査結果である点には注意が必要である．また，1団体でしか実施していない現段階ではサンプル数も少ないため，結果を一般化することは難しい．分析の段階においても，自治体評価のどのような側面に着目しているのかを判断する基準の客観性が不十分であるという課題もある．

　一方で，以下のような可能性もある．本書では態度研究の考え方を取り入れ，態度の中心的な構成要素である感情と負担感の関連を明らかにした．このことから，負担感軽減のためには，業務量の削減や知識の強化や技能の向上という側面だけでなく，職員の感情や認知に働きかけることも一定の有効性を有しているのではないかと考えられる．

　また，どのような認識や理解で評価に取り組んでいるのかを明らかにし，社会心理学の態度研究の観点からアプローチすることで，評価制度の改善やより効果的な評価の実施につなげられると考えられる．第2章で述べた態度を構成する成分である感情的成分，認知的成分，行動的成分を自治体評価にあてはめると以下のように説明できる．1つ目の感情的成分とは，感情や感覚などの情緒的な要素であり，態度の中心的な構成要素である．自治体評価に関する業務にあてはめると，やらされている，面倒だ，無駄だ，嫌だなどがあてはまる．2つ目の認知的成分とは，対象の性質や特徴に関する知識であり，経験や学習

によって獲得される．自治体評価に関する業務にあてはめると，自治体評価を上位の者や他者からの指摘や批判，本来の仕事ではなく上乗せされた仕事として捉えているということがある．また，目的や必要性，重要性が理解されていない，歳出削減のためという認識に偏っている，制度や手法に関する知識などがあてはまる．3つ目の行動的成分とは，対象に対してある行動をとりたい，またはとりたくないなどの傾向であり，目に見える具体的な動きや決定として現れる．自治体評価に関する業務にあてはめると，できればやりたくない，やるならできるだけ簡単な方法で効果のあるものがよい，評価表の作成が目的になってしまい評価結果が利用されない，外部評価委員会で投げやりな対応をするなどがあてはまる．つまり，態度研究の理論を用いれば，これらの3つの要素が合わさって自治体評価に対する様々な態度が形成されており，負担感はその中の感情的成分と特に関連していると言える．このように，態度を構成する感情と認知，行動の3つの成分がどのようなものであり，そのうちどれが特に問題なのかを特定できれば，評価の制度や手法の改善策を考える上でも役立つと考えられる．

　注

　1）　例えば，本章で参考文献の1つとして挙げている京都府立大学京都政策研究センター・京都府総務部自治振興課［2015］は京都府立大学の京都政策研究センター（現　京都地域未来創造センター）が京都府と協働で実施した調査研究である．この調査研究は行政職員の負担感が評価制度の持続可能性を低下させたり，効果的な運用を妨げたりしているのではないかという問題意識に基づいて実施されたものである．

　2）　研究においてだけでなく，自治体の外部評価の資料や議事録からも負担感が話題になっていることがわかる（京都市［2008a］，塩尻市企画政策部企画課［2015］，千葉市［2016］，豊中市［2010］，北海道総務部行政改革局行政改革課［2015］，宮城県行政評価委員会政策評価部会［2014］など）．

　3）　例えば京都市［2008a］では，評価表を作成する職員にとっては評価結果が利用されないこと，上層部にとっては上級の役職になるほど確認しなければならない事業の数が多くなることから評価疲れが生じているという政策評価を担当する政策企画室の職員の発言が確認できる．

4） ただし，評価不安は評価結果が利用されていることが前提となっている概念である
と考えられ，評価結果が利用されていないとされている状況では評価不安の存在には
疑問が生じる．つまり，評価結果が利用されないことがわかっているのであれば，よ
くない評価結果が出たとしてもそれに対して不安を感じることはないと考えられる．

5） 例えば長野県東御市では，行政評価を基軸として実施計画，予算編成，決算説明を
連動させることによって，一体性と一貫性のある行政運営を行えるようにすることで
評価疲れを解消しようとしている．他にも，決算附属書類を事務事業評価表としても
利用している場合などもある．

6） この点に関連して，評価表の作成は負担を感じる理由の1つとして挙げられること
が多いが，評価表の作成に類似する業務であり，それ以上に負担感が大きいと考えら
れるような業務であっても必要性について理解し，納得できていれば負担ではないと
認識されている例もある．

7） 印象を測定する方法としてはSD（semantic differential：意味微分）法が一般的で
ある［神宮 1996：42-44］．SD法では，ある対象について30個前後の形容詞対（意味
尺度）を用意し，それぞれあてはまると思うものを選択してもらう．意味とは，評価
対象を刺激として，それに対する評定結果としての反応との刺激と反応の関係を媒介
する過程のことである．つまり，意味が刺激と反応の関係を媒介しており，それによ
って対象に対する意識である反応が規定される．微分とはある対象に対する意味は何
らかのまとまりをもっていることから，複数の視点を設定してまとまりを細分化し，
分析するということである．

第 3 章　地方自治体における評価結果の報告の現状と改善の可能性

┼ は じ め に

　本書では政策の評価について行政職員が持っているイメージと負担感は関係しており，イメージに影響を与えるものの1つとして評価結果の報告方法に注目している．本章では，評価結果をどのように報告するかということは評価結果の利用に影響を及ぼすということについて述べる．

　日本では，評価結果の報告方法を考えることの必要性や重要性，具体的な方法などに言及している先行研究は少なく，特に報告方法を中心的に扱っている先行研究はない．しかし，諸外国の先行研究では重視されている点の1つであり，評価結果の報告方法を中心的に研究している研究者も存在する．それらの先行研究では評価結果をどのように報告するかによって報告する相手の関心や理解の程度には差が生じるとされており，それは評価についてのイメージと負担感にも影響すると考えられる．

　評価結果が利用されない理由の1つは，評価結果を報告する相手のことを考えて最適な方法を選択していないことであるとされている［Hutchinson 2017］．つまり，評価結果がどれだけ正確であり重要なことを示しているとしても，評価結果を受け取った人がそれを利用して次の行動につなげることを促進するためには，関心を持ってもらえるようにすることや，理解しやすいようにすること，受け入れやすいようにすることなどの配慮や工夫が必要だということであ

る．評価結果をどのような方法で報告することが最適かということは報告する相手によって異なるが，どのような相手に報告する場合であっても何らかの配慮や工夫は必要であると言える．

　本章では，まず自治体評価における評価結果の報告方法は特に工夫されていない場合が多いという現状を確認する．その上で報告方法を工夫することの必要性や重要性について先行研究で述べられていること，具体的な方法や事例を整理し，自治体評価ではどのような改善の可能性があるのかについて述べる．

十 1．行政職員と評価結果の関係

　本節では，まず本章で使用する用語の説明をする．次に，行政職員は評価結果をどのように受け取っており，受け取る側の行政職員はどのような形の情報を求めているのかについて説明する．

（1）本章で使用する用語

　本書では，政策を評価した結果得られる情報という意味で評価結果という用語を使用する．これは A や B，継続や廃止などの最終的な結果のみを指しているわけではなく，評価する過程で得られる情報も含めている．政策を評価する過程でもたらされる情報と最終的な評価結果を区別する考え方もある．例えば田中啓は地方自治体において行政評価や事務事業評価などの名称で実施されている評価の過程でもたらされる情報と最終的な評価結果を合わせて評価情報としている［田中 2014：6］．これは A や B，継続や廃止などの評価の判定を示す記号などと，指標の測定から得られたデータ，他自治体の事例，改善に向けた提案やアイディアなどを区別していると考えられる．しかし，両者の区別は必ずしも明確ではないと考えられることに加え，地方自治体によって評価結果として公表しているものや公表方法は異なる．また，評価情報という用語が用いられている先行研究は少ない．地方自治体のホームページなどで公表されて

いるものを見ると，自己評価の結果である評価表や評価表の見方の説明，評価
の制度や手法の説明，評価結果をまとめた報告書などがあるが，その中でも評
価の過程でもたらされた情報と最終的な結果は特に区別されておらず，まとめ
て評価結果とされているのが一般的である［池田 2018b］．そのため，本書では
両者を含むものとして評価結果という用語を用いる．また，評価結果に対して
より多くの人が関心を持ち，利用が促進されるような形で評価結果という情報
を提供することを評価結果を効果的に報告すると表現する．効果的とは，評価
結果を報告する相手が関心を持てる，理解しやすい，前向きに受け取れるなど
相手に合わせた状態を意味している．また，評価結果を行政の外部に対して説
明し，閲覧できる状態にすることを日本では「公表する，公開する」と表現し
ている．一方で，諸外国の先行研究では一般的には report を用いているが，
報告する相手に合わせて工夫することを特に意識している場合には伝えること
や双方向性をより意識して communicate を用いる．本書ではこれらの意味を
包括するものとして「報告する」と表記する．

（2）本章の研究対象

　次に本章の研究対象について説明する．本書では，地方自治体における政策
の評価のうち自己評価と外部評価の両方を実施している地方自治体と外部評価
のみを実施している地方自治体を対象としている．本章では，特に外部評価を
対象としているが，その理由は以下のとおりである．本書では，行政職員を想
定利用者として評価結果をどのように報告することが効果的かという点を検討
している．評価結果を報告するのは主に市民や社会に対してアカウンタビリ
ティを果たすためであり，報告する対象は主に市民が想定されている．特に外部
評価の目的としては，社会など組織の外部に対して自己評価の客観性や正確性
を担保することが最初に挙げられることが多い．しかし，外部評価は一般的に
自己評価に基づいて実施されており，自己評価の妥当性を確認することや改善
に向けた外部の視点からの意見やアイディアを得ることも目的とされている．

　また，自治体評価における外部評価は外部の評価専門家に完全に委託して実施される場合は少なく，行政職員も一定の関わりを持っている場合が多い．施策・事業の担当課の職員の関わり方や程度は制度によって異なるが，事務局の職員の関わりは大きく，事務局を通して施策・事業の担当課にも評価結果がフィードバックされることが期待されている．さらに，地方自治体自身が外部評価の目的として挙げているもののうち最も多いのは評価の客観性・公平性の確保（94.8％）だが，専門的知見の活用（63.1％）や住民のニーズの把握（61.0％），職員の意識改革（57.8％），内部評価の妥当性の検証（58.0％）も目的とされている．このことから，社会に対してアカウンタビリティを果たすことや自己評価の正確性と客観性を担保するだけでなく，行政内部においても外部評価の結果を利用していくことが想定されていると言える［総務省自治行政局市町村課行政経営支援室 2017：3］．

　また，本章では評価結果として特に外部評価の報告書をとりあげる．外部評価の実施後に公表されるものは報告書だけではない場合もあるが，報告書は評価結果の報告において中心的なものだからである．さらに，自己評価では行政職員が評価表を作成しているが，自己評価のみの場合は評価表以外のもので評価結果を報告していることは少ない［池田 2018b］．また，評価表は外部に委託してシステム化している場合も多い．その場合，評価表のレイアウトを自由に設定・変更することはできない，変更することはできるが自由なタイミングで変更することはできない，用意された選択肢の中から選んで変更するため完全に自由にデザインすることはできない，カスタマイズすればするほど費用が高くなるなどの難点がある[1]．このように，自己評価の場合は評価表の様式を必ずしも自由に変更できるわけではないため，変更の自由度が高い外部評価の報告書を対象とする．また，外部評価では1年度あたりの評価対象の数が限定されている場合が多いことから[2]，報告の方法を工夫することにも比較的取り組みやすいと考えられる．

　また，外部評価の結果，妥当でないとされた自己評価を修正したり，そこか

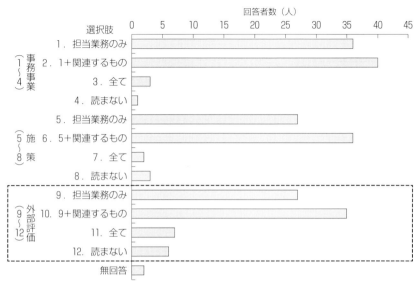

（単位：人，N＝60）

選　　択　　肢	合計
1　担当業務の事務事業評価表のみを読む	36
2　選択肢1に加えて担当業務に関連する事務事業評価表も読む	40
3　担当しているかどうかに関係なく全ての事務事業評価表を読む	3
4　事務事業評価表は読まない	1
5　担当業務の施策の評価表のみを読む	27
6　選択肢5に加えて担当業務に関連する施策評価表も読む	36
7　担当しているかどうかに関係なく全ての施策評価表を読む	2
8　施策評価表は読まない	3
9　行政評価委員会の評価結果のうち担当業務の部分のみを読む	27
10　選択肢9に加えて行政評価委員会の評価結果のうち担当業務に関連する部分も読む	35
11　担当しているかどうかに関係なく行政評価委員会の評価結果を全て読む	7
12　行政評価委員会の評価結果は読まない	6
無回答	2

図3-1　評価結果をどの程度確認するか

注1：この問は複数回答である．
注2：選択肢が長いためグラフの縦軸では省略しているが，選択肢の番号は縦軸と下の表で対応している．
注3：黒い点線で囲まれている部分が本節（1）で参照している回答である．
出典：筆者作成．

ら学んだ評価の考え方などを次年度以降の自己評価に活かしたりしていく上で中心的な役割を果たすのは行政職員である．また，外部評価を通じて得た意見やアイディアを利用して政策を改善したり，別の政策によって不十分な部分を補ったりすることは行政職員以外の主体でも可能ではあるが，権限や能力などの観点から行政職員は実行しやすい立場にあることが多いと考えられる．そのため，外部評価の報告書は行政職員も読むべきである．しかし筆者が兵庫県宝塚市で実施したアンケートでは，外部評価の報告書は事務事業評価表や施策評価表に比べると「読まない」という回答が多く，読んでいても「担当業務の部分のみを読む」，「担当業務に加えて関連する部分も読む」という回答がそれぞれ50％前後を占める（図3-1）[3]．宝塚市のみの調査結果であるため全国的に同じ傾向であるとは言えないが，このような結果からは外部評価の報告書を読んで結果を確認している行政職員は多くないことがわかる．そのため，外部評価の結果を行政職員にどのように報告するかという点は重要であり，本書では評価結果を報告する相手，評価結果の想定利用者を行政職員としている．

（3）行政職員と評価結果の関係

　本書では自己評価と外部評価を組み合わせて実施している地方自治体と外部評価のみを実施している地方自治体を対象としているが，以下ではそれらの地方自治体において評価結果を報告する主体と評価結果を利用する主体の関係がどのようになっているのかを説明する．自己評価と外部評価を組み合わせて実施している場合は，まず自己評価を行い，それを踏まえて外部評価を行うという流れになる．外部評価のみを実施している場合は自己評価の段階が存在しないことになるが，多くの場合は評価対象の政策を説明する資料を作成したり評価表に類似する書類を作成したりしており，自己評価にあたる作業は存在している．また，外部評価の場に施策・事業の担当課の職員が出席するかどうか，また出席している場合であっても評価の過程にどの程度どのように関わるかという点は様々である．施策・事業の担当課の職員が外部評価の場に出席してい

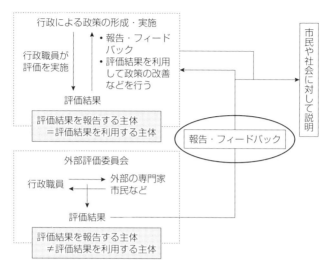

図3‐2　自治体評価における評価結果を報告する主体と利用する主体の関係

出典：筆者作成.

る場合には，評価対象の政策について説明した後，外部評価委員との間での質疑応答に対応するというのが一般的である．しかし，評価対象の政策の説明をするだけ，あるいは説明は事務局が行って質疑応答のみ行うという場合もあるし，出席していない場合もある．

　外部評価を実施している地方自治体では，外部評価に関する業務を担当している部署が事務局として報告書を作成し，ホームページなどで公表している場合が多い．よって施策・事業の担当課は，外部評価の場と報告書の両方，または報告書のみから評価結果を受け取ることになる．この流れをまとめたものが図3‐2であり，本書では特に丸で囲まれた部分，つまり外部評価委員会から行政職員への評価結果の報告・フィードバックの部分を対象とする．

　一方で，評価結果を受け取る側の行政職員は報告書にわかりやすさなどの工夫を求めているのか，工夫されていなかったとしても行政職員であれば関心を持つべきであるし理解できるのではないかという疑問も生じる．以下では，筆者が2019年4月に宝塚市で実施したアンケートの結果を用いてこれらの点につ

いて説明する．

　このアンケートは宝塚市の研修において実施したものであり，評価についてのイメージと負担感，評価結果の公表方法について尋ねた．回答者は施策・事業の担当課において事務事業評価または施策評価に関わっている主に課長級と室長級の職員である．宝塚市以外の地方自治体では実施できていないため一例ではあるが，以下ではそのうち有効な回答であった60人の回答を用いて評価結果の公表方法について行政職員がどのように考えているかを説明する．

　評価結果の公表方法については ① 事務事業の評価表と施策の評価表，外部評価の結果についてそれぞれどの程度確認するか，② 宝塚市の現在の公表方法についてどのように考えるか，③ 回答者自身が評価結果を知りたいと思ったとき，どのようなもので確認したいかという３つの問を設定したが，以下では②と③の結果を示す⁴⁾．② の現在の公表方法については「現在の方法でよい，もう少し工夫があってもよい，改善するべきである」の３個の選択肢から回答してもらうとともに，その理由を記述してもらった．その結果は「現在の方法でよい」が29人，「もう少し工夫があってもよい」が21人，「改善するべきである」が１人，無回答が９人であった．また，理由と合わせて考えると，現在の公表方法については，特に問題はないため現在の方法でよいと考えている職員が最も多いという結果であった．しかし，理由は特に記述されていないが何らかの工夫は必要である，市民に関心を持ってもらえるような工夫，またわかりやすくするための工夫が必要であると考えている職員も一定数存在する．具体的な方法に言及するような回答はなかったが，市民に説明する上で何らかの工夫が必要であるという認識は見られる．また少ないが，市民だけでなく行政職員も含めて関心を持てるような工夫が必要であるという認識も見られた．一方，評価結果を見ようと思わない，見たことがないという回答も少ないが存在しており，行政職員に評価結果を報告する上でも何らかの工夫は必要であると考えられる．

　③の回答者自身が希望する評価結果の公表方法については７個の選択肢から

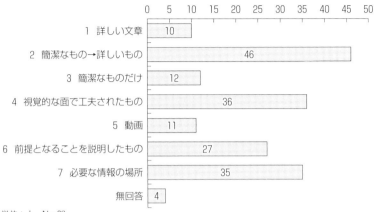

単位：人，N＝60

図 3 - 3　どのようなもので評価結果を確認したいか

出典：筆者作成．

あてはまるものを全て選択してもらったが，「まずは 1 〜 2 ページで簡潔にま
とめられたものを読み，その後必要に応じて詳しいものを読みたい」が46人，
「図表や色を活用するなど視覚的な面で工夫されたものを読みたい」が36人，
「必要な情報をどこから得られるのかをわかりやすく示したものがほしい」が
35人であった（図 3 - 3 ）．この結果から，評価結果の公表方法として求められ
ているのは，視覚的な面での工夫を取り入れるとともに，簡潔にまとめられた
ものと詳細なものを選択できるようになっており，それらについて必要な情報
の場所がわかるようになっているものであると言える．

　このように，地方自治体の評価制度において行政職員は評価結果を利用しや
すい，あるいは利用すべき立場にあることから，行政職員に評価結果として何
をどのように報告するかという点も考えるべき点であると言える．また調査結
果から，行政職員自身も現在の公表方法については何らかの課題や工夫の必要
性を認識していると言える．

＋ 2．評価結果の報告に関する先行研究

　本節では，まず自治体評価における評価結果の報告についてどのようなこと
が述べられているのかを整理し，次に評価結果を効果的に報告することの必要
性・重要性とその具体的な方法について先行研究で述べられている内容を整理
する．参考にする先行研究は業績測定，業績マネジメントに関するもの，ハッ
チンソン（Kylie Hutchinson）による具体的な手法の研究である[5]．日本の地方自
治体で制度化されている評価の手法は，事前に設定した指標とその目標の達成
状況から評価する業績測定である．そのため業績測定と，業績測定を中心とす
る評価制度に類似する業績マネジメントに関する先行研究をとりあげる．また，
ハッチンソンの研究は主に外部の評価専門家による専門的な評価を想定してい
るが，評価結果の効果的な報告に利用できる様々な手法を具体的に紹介してい
る研究は少なく，ハッチンソンはその主要な研究者である．また，業績測定を
中心とする評価制度においても適用可能であると考えられるため，参照する．

（1）自治体評価における評価結果の報告に関する先行研究

　日本では評価結果の公表方法に関する先行研究は少ないが，政策の評価に関
する情報の有用性や公表方法の工夫の必要性は指摘されている．評価制度の運
用においては評価表の作成は大きな割合を占めているため，評価表の重要性は
高く，そこから得られる情報も豊富である．もちろん評価表は評価のためのツ
ールであるから，その設計や作成にかける労力が大きいことについては批判も
あるが，政策に関する議論を行う上で評価表は非常に有用な材料となり得ると
されている［田中 2014：278；285］．また，市民にわかりやすく評価結果を報告
することも効果的な評価制度のためのポイントの1つとされており，全ての評
価表を単純に公表するだけでなく，政策体系や目標，計画，予算，達成度など
の情報を編集・加工して1年度分の業績として報告するべきであるという考え

方もある［古川 2008：148］．

　総務省の調査によれば，評価結果の報告については以下のような結果となっている［総務省自治行政局市町村課行政経営支援室 2017：8］．全国的な傾向を見ると，2016年10月１日現在で，行政評価を実施している1099団体のうち政策を対象とした評価の結果は58.6%，施策を対象とした評価の結果は74.8%，事務事業を評価対象とした評価の結果は73.1%が全てまたは一部の評価結果を公表している．公表していない298団体の主な理由は「内部的な評価であるため」が57.1%，「主に職員の意識改革が目的であるため」が29.5%，「公表に係る事務負担が大きい」が14.2%である．この傾向は，本章の対象である近畿地方の２府５県においても同様である．

　このように日本の先行研究では，評価結果を報告することの重要性や有用性は認識されているが，少ない．また，評価結果を外部に対して公表しているかどうかについては調査されているが，その方法については調査されていない．

（２）評価結果を効果的に報告することの必要性・重要性

　業績測定の第一人者であるハトリーは，その代表的なテキストである『政策評価入門』において評価結果の報告方法と内容を考慮することの重要性を指摘しており，報告書に含めるべき情報やその提示方法について述べている［Hatry 1999：邦訳 168-78］．ハトリーによれば，報告の際には内容の重要度を判断し，その重要度に応じた最適な方法で提示する必要がある．それによって評価結果に対する魅力や親しみやすさが高まり，影響力を持たせることができる．また，多様な主体に評価結果を報告することで評価に基づく提言の実現可能性が高まるが，報告を行う相手によって最適な方法や媒体を選択することが重要である．例えば，組織内部で利用する場合はできるだけ詳細である方がよいが，同じ組織の内部であっても管理職に報告する場合には要点を簡潔に報告する必要がある．また，一般の市民に報告する場合には主要な情報を選択し，わかりやすく報告する必要がある．

　また，公共部門と非営利部門における業績マネジメントに関する最近の詳細な解説書においても，業績測定から得られるデータの示し方について基本から応用まで様々な方法が紹介されている［Poister, Aristigueta and Hall 2015：155-74］．ここでも，データやデータに基づく評価結果に関心を持たせ，相手に応じた最適な方法でわかりやすく報告することの重要性が強調されている．

　評価結果の効果的な報告方法について研究しているハッチンソンは，評価結果の報告書は文章中心の非常に長いものになる場合が多いが，そのような報告書は読まれずに放置され，評価の結果明らかになった事実や教訓，提言は理解されることがないため，政策の改善にもつながらないと指摘している［Hutchinson 2017：11］．ハッチンソンは評価結果を効果的に報告するという観点から，文章中心の典型的な評価結果の報告書によく見られる7つの欠点を指摘している［Hutchinson 2017：45-50］．それらの欠点は，報告書の概要版や要約が長すぎる，専門用語が多すぎる，重要な情報を見つけにくい，情報が多すぎる，情報を説明したり報告したりするタイミングが不適切である，文章のみで構成されている，報告書をどのようにデザインするかということを考えていないというものである．しかしこれらの欠点は克服できるものであり，その簡単な方法がデータをわかりやすくまとめた表やグラフ，関連する複数の情報を一目で把握できるダッシュボード（dashboard），アイコン，絵や写真などを活用するという視覚的な面における工夫であると述べている．

　また，これらの欠点や著者がこれまでに実施してきた評価や評価に関する研修などから，効果的な報告のための4つの原則を挙げている．1点目は評価結果を報告し，理解してもらう必要がある相手を明確にすることである［Hutchinson 2017：19-25］．これは，相手によって求めている情報は異なり，画一的な報告ではそのニーズに対応できないためである．2点目は評価結果を報告するための計画を立てることである［Hutchinson 2017：25-26］．計画を立てる際に考えるべき要素は評価対象の利害関係者や評価結果の想定利用者は誰か，その相手に報告する方法として最適なものは何か，評価結果を報告するタイミングと

していつが最適か，そのために必要な予算はどれくらいか，複数存在する評価結果を報告するべき相手の中での優先順位である．3点目は報告したい要素に段階を設定して層状にすること（layering）である［Hutchinson 2017：26-31］. これは同時に複数の報告書を用意して想定利用者が状況に応じて情報の詳細さを選択できるようにするとともに，簡潔な情報から詳細な情報へと誘導することを意図している．4点目は報告する情報を整理することである［Hutchinson 2017：31-33］．評価結果を受け取る側が最も関心を持っているのは提言や結論であり，評価者が重視しがちなデータ収集の方法などに対する関心は低い．つまり，評価者と評価結果を受け取る側では考え方や関心が異なるため，評価結果を受け取る側の視点から報告する情報の内容や順序を考える必要がある．

　この点についてはハトリーも，業績測定の結果を外部に公表することの目的の1つはデータが意味していることと，その限界について理解してもらうことでもあるから，評価結果として何を報告するかということだけでなく，どのように報告するかということも同じように重要であると指摘している［Hatry 1999：邦訳 168；178-179］．また，業績マネジメントの制度においても報告する情報の内容や性質と報告する相手に応じて方法を考えることが重要であるとされている［Poister, Aristigueta and Hall 2015：155-58］.

　さらに，評価がうまくいかなかった事例とそこから得た教訓をまとめている文献においても，想定利用者を意識して評価結果を報告することの重要性が指摘されている［Preskill 2019：31-33］．評価結果を報告する際に一番に想定されるのは評価対象の政策の担当者である場合が多い．また，想定利用者について考えていないわけではないが，それほど明確には意識されていない場合もある．しかし，評価結果を誰に報告するのか，誰がその報告書を読む可能性があるのかを明確に意識していない場合，報告書で用いる言葉の選択や報告の方法にもそれほど注意を払わないことになる．その結果，評価者が想定していなかったような解釈をされたり，評価者が考えているよりも否定的な，あるいは肯定的な印象を与えたりする場合がある．プレスキル（Hallie Preskill）は学校評価を

実施した際に，学校の教職員のみを想定して報告書を作成して提出したが，最終的にその報告書は学校の外部に対しても公表された[7]．その結果，プレスキルにはそのような意図はなかったが，報告書を読んだ保護者は非常に否定的な結果であると解釈し，適切に評価できていないのではないかという苦情の電話がかかってきたという事例を紹介している．この事例では，評価対象の政策と直接的な関わりを持っている想定利用者について考えることはもちろん重要だが，観衆（audience）まで含めて意識するべきであるとされている．観衆とは，想定利用者よりも幅広い概念であり，情報を受け取ることについて想定利用者よりも消極的で受動的な人や団体である．そのため，評価結果に関心を持つかどうか，またどの程度関心を持つかということはわからないが，観衆としてどのような人や団体が存在するのかを意識していなかったことはこのような結果を招いた原因の1つであるとされている．これらのことから，評価結果が利用されるためには誰に報告するのかを明確化し，その相手に合わせてどのように報告するのかを考える必要性・重要性は高いと言える．

（3）評価結果を効果的に報告するための具体的な方法

　評価の報告書では数量的なデータが出てくることも多いが，誰もが数量的なデータの理解や扱いに慣れているわけではなく，表で数値が羅列されているだけではその意味が伝わらないこともある．数量的なデータに不慣れな人にも効果的に報告する方法としてはスコアカードやマッピング，ダッシュボードなどがあり，日本の行政では例は少ないが，民間企業や諸外国の行政では利用されている［Poister, Aristigueta, and Hall 2015：166-74］．以下では，これらの方法について事例を示しながら説明する．

　スコアカードとは，指標の数値の現状と目標達成度を示した表であり，過去と比べてどのように変化したかを矢印などの記号で表すなどの工夫をしているものもある．スコアカードのポイントは現状と目標を並べて示し，達成状況を瞬時に把握できる点にある．表3-1がその例であり，アメリカ合衆国のある

表 3 - 1　スコアカードの例

目標：犯罪を減らす

前回からの変化 （↑：改善／↓：悪化）	指　標	現在の測定値 （単位：件）	目標値 （単位：件）	達成状況 （Yes／No）	目標値との差 （%）
↑	殺　人	9.30	9.20	No	1.09
↓	強　姦	10.00	16.70	Yes	−40.12
↓	強　盗	243.00	253.00	Yes	−3.95
↑	悪質な暴行	334.00	326.00	No	2.45
↑	不法侵入	858.00	519.00	No	65.32
↑	窃　盗	1,701.00	1,436.00	No	18.45
↑	自動車の盗難	548.00	438.00	No	24.94
↑	犯罪の件数	3,702.00	3,110.00	No	19.03

出典：Poister, Aristigueta, and Hall［2015：170］より筆者作成.

　地方政府の警察のものである．犯罪を減らすという目標に関連する 8 個の指標について，それぞれ，前回からの変化，現在の測定値，目標値，達成状況，目標値との差を示している．

　マッピングとは地図上に色や記号で現状を示すものであり，データの空間的な変動や分布状況を表す場合に適している．また，地図を使って視覚化することで，表やグラフで数字を見ているだけでは気付かなかった知見を得られる場合もある［藤・渡部 2019：168］．例えば，ブリティッシュコロンビア大学の Human Early Learning Partnership が作製している，ブリティッシュコロンビア州における身体的な面での健康と精神的な面での幸福の程度を色の濃淡によって示しているものなどがある．色の濃淡以外にも，アイコンや記号をプロットすることによって位置やその量に関する情報を示すものもある［Hutchinson 2017：74-75］．

　ダッシュボードとは，自動車や飛行機の走行・操縦に必要な計器類を搭載したボードのことであり，そこから転じて関連する複数のデータをまとめて見せるものという意味で使用されている［Ganapati 2011：6］．ダッシュボードを用い

最初の拒絶通知の未処理　累積の未処理件数　　審査の遅延件数　　　継続審査要求の
件数（１カ月あたり）　（１カ月あたり）　　　　　　　　　　　審査の遅延件数

１会計年度あたりの　　　過去に出題された　　特許の審査官の人数　申請件数に対する
　　処理件数　　　　　　　特許の処理　　　　　　　　　　　　　処理件数

図３‐４　ダッシュボードの例１

出典：Ganapati［2011］より筆者作成.

ることによって直観的にわかりやすく情報を表示することができる．また，情報を追加したりさらに深く分析したりする機能を備えている場合も多い．デザインは様々だが，関連する複数の情報を１カ所にまとめて示すことができるため一目で理解できるという特徴がある．図３‐４がその例であり，目標に対して設定されている各指標の現在の測定値と目標の達成状況を示すという点ではスコアカードとも共通するが，視覚的な面をより重視したものとなっている．図３‐４はアメリカ合衆国連邦政府の特許庁のものであり，申請された特許の審査にかかる時間を短縮するという目標に対して設定されている８個の指標の実績値を同時に確認できるようになっている．アメリカ合衆国のモンゴメリー郡において健康や福祉に関するサービスを提供している部署（Department of Health and Human Services）が作成しているもののように，世帯の構成と人数を入力できるようになっており，入力された数字によって表とグラフの数字が変化するようになっているものもある.[9)]

　ハッチンソンは文章中心で分量も多い従来の報告書の代替案として，視覚的な面での工夫以外にもプレゼンテーション，図表や色を活用した要約，デジタル機器やインターネットを活用する方法など様々なものを挙げている．これらの中で視覚的な面での工夫は比較的簡単に取り入れることができるものであるとされており，先にとりあげたものの他にインフォグラフィックス（infographics）やグラフィックレコーディング（graphic recording），漫画が挙げられている［Hutchinson 2017：69-77］．インフォグラフィックスとは文章と写真やイラスト，データを視覚的に表現したものを組み合わせたものである．外観はポスターやスライドに類似しているが，主にデータを説明するためのものであり，その説明にストーリー性を持たせていることが大きな違いである．図 3 - 5 がその例であり，コロラド州の人口の多くを占めるヒスパニック系とラテン系のアメリカ人の健康状態が悪化していることと，根底にある社会的要因に対処し，より健康的な生活を送れるようにする必要があることを表している．

　グラフィックレコーディングとは文字と図やイラストを組み合わせて議論した内容を概念図で表現し，リアルタイムで視覚的に記録するという方法である．例えば日本の行政でも，内閣府の国・行政のあり方に関する懇談会において作製されたものなどがある．

　ただし，ここに挙げられているものは必ずしも簡単に作成できるわけではなく，インフォグラフィックスやグラフィックレコーディングについてはその作製を仕事にしている個人や企業も存在する．しかし，オンライン上のテンプレートやソフトウェアを利用して比較的簡単に作成できる場合もある．

　業績測定や業績マネジメントの研究では，データをどのように報告するかという視点のものが多いが，これは業績測定という手法の特性によるものであると考えられる．つまり，業績測定は事前に設定した指標を用いてアウトプットやアウトカムを定期的に測定するものであるため，測定の結果得られるものは数量的なデータである．そのため，そのデータをどのように報告すれば効果的かという視点となる．

78

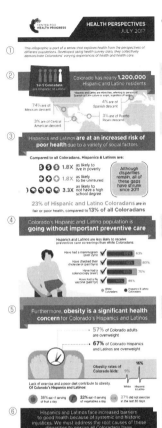

① このインフォグラフィックスは州の住民の構成の違いという観点から健康状態を説明するシリーズの一部である. 健康に関する調査のデータを用いて, 健康と医療に関するコロラド州の多様な取組みを実証している.

② コロラド州には約120万人のヒスパニックとラティーノがいる. 州民の5人に1人はヒスパニックまたはラティーノである.
・74%はメキシコ出身　　　・4%はスペイン出身
・3%は中央アメリカ出身　・3%はプエルトリコ出身

③ ヒスパニックとラティーノは, 様々な社会的要因のため, 健康状態悪化のリスクにさらされている.
コロラド州の白人と比較すると, ヒスパニックとラティーノは
・貧困状態にある人が1.8倍
・無保険の人が1.8倍
・高校を卒業していない人が3.3倍
（格差は残っているが, 2011年以来縮小している）
ヒスパニックとラティーノの23%は健康状態が中程度または良くない（州全体では13%）

④ コロラド州のヒスパニックとラティーノは, 重要な予防的ケアを受けていない.
重要な予防的ケアの受診状況
・マンモグラフィ：59%（白人：63%）
・コレステロールの検査：63%（白人：80%）
・結腸内視術：58%（白人：70%）
・インフルエンザ予防接種：40%（白人：46%）

⑤ さらに, コロラド州のヒスパニックとラティーノにとっての重要な課題は肥満である.
コロラド州の成人のうち57%が肥満
・成人のうちヒスパニックとラティーノは67%が肥満
・子どもは16%が肥満（白人の子どもは9%）
運動不足とバランスの悪い食事が肥満に影響している
・1日分の果物を食べている人：36%
・1日分の野菜を食べている人：22%
・直近の30日間に運動をしていない人：27%

⑥ ヒスパニックとラティーノは制度的な, あるいは歴史的な要因による格差から, 健康状態の改善においてますます多くの困難に直面している. これらの格差の根本的な原因に対処し, 全ての住民が健康な生活を送る機会を持てるようにしなければならない.

図3-5　インフォグラフィックスの例

注1：番号は筆者が加筆した. 図の左側の番号と, 右側の日本語に付いている番号が対応している.
出典：Hutchinson［2017：68］より筆者作成.

　また, ハッチンソンは比較的取り入れやすいものから難易度の高いものまで多様な手法を提案しているが, 文章で報告するという従来の典型的な報告書を否定しているわけではなく, 全面的にそのような手法に変更していくべきであると考えているわけでもない. また, 部分的にこれらの工夫を取り入れるだけでも高い効果を得られる場合もあると述べている［Hutchinson 2017：84］. つまり, これらの方法は文章中心の報告書の代替的なものとして位置付けられてお

り，新たな手法を取り入れることによって評価結果をより効果的に報告することに加え，簡潔でわかりやすい情報からより詳しい情報へと導くことを意図している．

┼ 3．地方自治体における評価結果の公表方法

本節では，自己評価と外部評価を組み合わせて実施している地方自治体と外部評価のみを実施している地方自治体において評価結果がどのように公表されているのかを地方自治体のホームページの悉皆調査から明らかにする．以下ではまず調査のデザインを説明し，次に調査結果を説明する．

（1）調査のデザイン

本章では，地方自治体における外部評価の評価結果の公表方法の現状を明らかにするために，2013年度から2017年度の間に実施した政策に対して2014年度から2018年度の間に外部評価を実施している地方自治体でその結果をどのように公表しているかを調査した．調査の範囲は，三重県，滋賀県，京都府，大阪府，兵庫県，奈良県，和歌山県の近畿地方の 7 府県と227市町村（125市87町15村）のうち，総務省による調査において外部評価を実施していると回答した66団体である．ただし，66団体のうち，2014年度から2018年度の間に外部評価を実施しており，ホームページで外部評価の結果を公表している地方自治体に限定されるため，総数は46団体であり，制度の数は48となる．[10] 48の制度の年度別の内訳は2014年度が 6，2015年度が 2，2016年度が 5，2017年度が 5，2018年度が30である（表 3 - 2 ）．

各地方自治体のホームページを調査し，外部評価を実施している委員会の名称，最新の情報が公表された時期，報告書の有無を調査した．報告書が公表されている場合は，ページ数と記載項目，評価結果を示す際に色や図表を使っているか，報告書の読み方を説明しているか，報告書を分割して公表しているか，

表3-2　本章で対象とする評価制度の数

	2014年度	2015年度	2016年度	2017年度	2018年度	合　計
三重県	0	1	0	1	3	5
滋賀県	1	0	1	0	1	3
京都府	1	0	2	0	6	9
大阪府	3	1	2	3	9	18
兵庫県	1	0	0	1	6	8
奈良県	0	0	0	0	2	2
和歌山県	0	0	0	0	3	3
合　計	6	2	5	5	30	48

注1：1つの地方自治体が複数の制度を運用している場合があるため，団体数ではなく制度の数でカウ
　　　ントしている.
出典：筆者作成.

　報告書の概要版を公表しているか，報告書以外のものを公表しているかについ
ても調査した．色や図表を使うことによって文章だけの場合よりも重要な点や
強調したい点が伝わりやすくなり，理解を助けるという効果が期待できる．報
告書の読み方とは，その報告書がどのようなもので，どのページを見ればどの
ような情報を得られるのかということや，報告書に掲載されている図表の意味
や見方などを説明したものである．説明があれば，このような文書に不慣れな
場合でも報告書を読む上での前提を理解できる．報告書を分割して公表すると
は，例えば章ごとなどの単位でファイルを分割して公表するということである．
分割されていれば，全体の中から必要な部分を探し出さなくても求めている情
報にたどり着ける．報告書の概要版とは，報告書の要点をまとめたものであり，
例えば最終的な評価結果の一覧などである．概要版があれば，短時間で情報を
得たい場合や，報告書本体を読む前に全体像を把握したい場合などに役立つ．
また，関心や知識の程度，必要性に合わせて選択することもできる．報告書の
記載項目については，評価対象の説明，制度・評価方法の説明，自己評価・内
部評価の結果，報告書・評価表の見方，評価結果の総括・概要，各評価対象の
評価結果，委員会の意見・提案，評価結果を踏まえた今後の課題・方向性の整

理，制度の改善案，委員会の概要という項目に分類した．色や図表については，評価結果を示すために使用されている場合のみ該当するものとしてカウントする．例えば，報告書の章のタイトルのみに色が使用されている場合などは色を使用しているとはみなさない．また，外部評価委員の名簿や評価表などについても図表としては扱わない．

　なお，1つの地方自治体が複数の評価制度を持っており，それぞれに外部評価を実施している場合もある.[11]　本書では評価結果の公表方法に注目しているため，団体や制度の数ではなく報告書の数でカウントした．また，対象年度を2014年度から2018年度の間としたのは，ある1年度に実施された外部評価の報告書に限定すると，外部評価を実施しており，報告書を公表している団体の数が非常に少なくなるためである．これは，外部評価を実施していても数年で休止や廃止を選択する場合も少なくないことや報告書の公表時期にもばらつきがあることなどが影響していると考えられる．調査は2019年1月上旬に実施した.[12]また，本章では近畿2府5県に調査対象を限定しているが，その行政評価制度は全国的に見て平均的なものであり，そこでの調査結果は全国的に見ても同様であると推定できる．

（2）調 査 結 果

　本節では，自治体評価の外部評価における評価結果の公表方法に関する調査結果を述べる．まず，外部評価における評価結果の中心である報告書がどのように公表されているかを整理し，次にその報告書から得られる情報の内容について整理する．

　外部評価の報告書を公開しているかどうかについては，48の評価制度のうち35で報告書が公表されていた．さらに，報告書が公表されている場合は，評価結果を効果的に報告するためにどのような工夫をしているかを調べた．公表されている報告書のページ数の平均は34.8ページであった．評価結果を示す際に色を使っているのは6，図を使っているのは4，表を使っているのは8であっ

た．報告書の読み方を説明しているのは4，長い報告書の場合に全体版だけでなく分割して公表しているのは2，報告書の概要版を公表しているのは3，報告書以外のものを公表しているのは12であった．報告書以外のものとその内訳は，外部評価の場で配布した資料が10，議事録が4，市民へのアンケートの結果が3，評価を実施している様子を録画した動画が2，評価結果の利用状況が4となっている．評価結果の利用状況については報告書に含まれている場合もあるが，ここでは外部評価に関連する資料の1つとして単体で公表されている場合のみをカウントしている．

　さらに，報告書にどのような情報が含まれているかを調べるために，報告書の記載項目を分類した．その結果は，外部評価の対象について説明しているのが13，制度や評価方法について説明しているのが22，自己評価・内部評価の結果を掲載しているのが4，報告書や評価表の見方を説明しているのが2，評価結果の総括・概要を記述しているのが22，外部評価の各対象について詳細な評価結果を掲載しているのが20，委員会の意見や提案をまとめているのが16，評価結果を踏まえた今後の課題・方向性を整理しているのが8，評価制度の改善案を提示しているのが2，委員会の構成員や開催日などの概要を掲載しているのが18，その他が4であった．これらの結果をまとめたものが表3-3である．

　このように評価結果を報告するための視覚的な工夫は少ないが，間接的な工夫は見られた．間接的な工夫とは，評価結果を説明する部分とは異なる部分で視覚的な要素を取り入れることである．例えば，報告書の各章のタイトルに色を使って目立たせる，キャラクターを使って評価制度を説明する，市内の動物園の協力を得て動物の写真を載せるといったものである．これらの工夫にも全体の雰囲気を和らげるという効果は期待できるが，評価結果を効果的に報告するという観点からは間接的なものであると言える．

　評価結果に限定せず評価制度に関する情報なども含めると，総合計画に基づく政策体系の図やPDCAサイクルの図が用いられている場合が多い．調査の対象とした地方自治体の中でも，例えば京都市は先行研究で述べられているポ

表 3‑3　外部評価における評価結果の報告方法の現状

報告書の形式面に関すること（N＝48）			報告書から得られる情報（N＝35）	
公表している		35	評価対象について	13
公表していない		13	制度・評価方法の説明	22
ページ数の平均		34.8ページ	自己評価・内部評価の結果	4
視覚的な面での工夫	色	6	報告書・評価表の見方	2
	図	4	評価結果の総括・概要	22
	表	8	各評価対象の評価結果	20
	その他	0	委員会の意見・提案	16
報告書の読み方の説明	あり	4	評価結果を踏まえた今後の課題・方向性の整理	8
	なし	44		
報告書の分割	あり	2	制度の改善案	2
	なし	46	委員会の概要	18
報告書の概要版	あり	3	その他	4
	なし	45		
	ページ数の平均	1.3ページ		
報告書以外のもの	あり	13		
	なし	35		

注1：1つの地方自治体が複数の制度を運用している場合があるため，団体数ではなく制度の数でカウント
　　している.
注2：1つの制度が複数の項目にあてはまる場合もある.
出典：筆者作成.

イントが該当する部分もある．京都市では政策評価制度への理解と関心を深め
てもらうために『よく分かる！　京都市の政策評価制度』という冊子を作成し
ている．これはイラストや図を積極的に活用して京都市の政策評価制度や評価
の方法，評価表の見方を説明したものである．評価結果として公表されている
ものは2011年度から2015年度までの評価結果は『平成〇年度政策評価結果』と
『一目で分かる平成〇年度政策評価結果の概要』の2種類であり，2016年度の
評価結果からは『政策重要度と生活実感のマトリックス（前年度からの動向）』
が加えられ，2017年度の評価結果からは『グラフで分かる平成〇年度政策評価
結果』が加えられている．また，2008年度と2009年度は「成功狸」というキャ

ラクターを活用している[13]．2008年度は京都国際マンガミュージアムの協力を得
て『まるわかり！　京都市の政策評価』という冊子を作成して漫画で評価結果
を説明している．2009年度はクイズ形式で評価結果について学べるようにして
いる．このように，京都市の評価結果の公表方法は，視覚的な要素が積極的に
取り入れられており，ハッチンソンが挙げている効果的な報告のための４原則
を概ね満たしていると言える．また４つの原則の中でも特に，報告する要素に
段階を設定して層状にするという３つ目の原則については十分に実現されてい
ると言える．なお，京都市がこのような方法で評価結果を公表しており，徐々
に充実してきているのは外部評価委員会からの指摘や提案の影響が大きい．

　地方自治体が評価を実施している背景や目的などから考えると，評価結果を
報告する相手として想定されているのは主に市民や議員であると考えられる．
しかし，現在の公表方法からは誰をターゲットにしているのかが明確ではなく，
相手に応じて工夫して効果的に報告することの必要性や重要性はあまり認識さ
れていないと言える．

┼ 4．地方自治体の外部評価における
評価結果の効果的な公表方法の可能性

　本節では，まず外部評価の評価結果が効果的に公表されていないことに影響
を与える要素について検討する．その上で，先行研究を踏まえて自治体評価に
おける方向性や可能性を示す．

　外部評価の評価結果の公表方法に影響を与える要素としては，自治体評価の
事務局で業務を担当する行政職員の負担感，外部評価結果の報告書作成が標準
作業手続き化されていること，外部評価委員の考えなどが挙げられる．第１に，
負担感は自治体評価の課題の１つとされており，評価結果を効果的に報告する
ために公表方法を工夫するという業務が加わることは自治体評価の事務局職員
にとって負担が増すことになる［京都府立大学京都政策研究センター・京都府総務部

自治振興課 2015：15-16].　そのため，従来の報告書に新たな要素が加えられたり，新たに別の形の報告書が作成されたりすることが少ないと考えられる．第2に，外部評価報告書の作成はマニュアル化されており，あらかじめ決められた手順である標準作業手続きに従って処理されているとも考えられる．この場合は，決められた手順に従って作成するだけであるため追加的な工夫はされない場合が多いと考えられる．第3に，報告書は外部評価委員会と事務局の間での協議や調整を経て作成されるものであるから，報告書に対する委員の考え方や好みなども影響すると考えられる．実際に京都市の政策評価制度においてはそのような影響が見られる．しかし逆に，指摘や意見などがなければ何もなされないとも言える．また，委員は数年の任期が終了すると交代するため，ある時点までは効果的に報告するために工夫されていても委員が交代すると従来のものに戻ったり，別の方向に変化したりする可能性もある．

　現状は，外部評価の評価結果の公表方法としては文章中心の報告書が一般的である．しかし，先行研究と宝塚市における調査結果から，評価結果を想定利用者に報告するために必要なことは視覚的な要素を取り入れることと，情報の詳細さや難易度に段階を設けて見る側が選択できるようにすることであると言える．よって改善の方向性としては，まず，文章中心であっても色や図表を現状よりも多く用いて評価結果を示すことが考えられる．さらに，概要版を作成する，文章中心のものだけでなく色や図表を積極的に取り入れたものを作成するなどの方法で情報の詳細さや難易度に段階を設けるとともに，それらに参照ページ数を記載するなどして互換性を持たせることなどが考えられる．そうすることで，より多くの人が評価結果を見ることやその利用が促進されることにつながると考えられる．また，自己評価については評価表の見方が説明されている場合もあるが，外部評価の報告書についてもどこに何が書いてあるのか，また評価結果を報告するものとして複数のもので報告する場合には，それぞれからどのような情報が得られるのかを説明するものを作成することも考えられる．

　公務員向けに図解を活用した資料の作成方法を解説したものなども存在し，作成方法が解説されているだけでなく実例も豊富に紹介されている（田中［2015］など）．また，日本では最近，データビジュアライゼーション（data visu-alization）が注目されており，その解説書や実際の活用事例を紹介した文献もある［小林ほか 2019；藤・渡部 2019］．データビジュアライゼーションとは，文字と数字で表現されているデータを図表を用いて視覚化することである［藤・渡部 2019：2］．データを視覚化することによって解釈や理解を促進し，意思決定や行動につなげることを目的としている［藤・渡部 2019：10-11］．つまり，データは単に事象を記録したもの，情報は受け取った人の考えに影響を及ぼしたり行動を促したりするものであり，両者は異なるものである［岡本 2016：237］．これは指標を測定した結果得られたデータを分析・解釈して報告・公表するという業績測定を中心とする評価制度においても役立つ考え方であると言える．評価結果を効果的に報告するための報告書を実際に作成していく際にはこのように参考にできるものも存在している．

✝ おわりに

　本章では，行政職員を想定利用者として自己評価と外部評価の両方，または外部評価のみを実施している地方自治体を対象とし，評価結果の公表方法が文章中心で分量が多い報告書であるという現状を確認した．その上で諸外国の先行研究を整理し，効果的に報告する方法には様々なものがあるが，比較的簡単に導入できる視覚的な面での工夫について自治体評価においてどのような可能性があるかを述べた．本節では，これらに関連する3つの課題を述べる．

　第1は自己評価の質と行政職員の評価能力の担保である．外部評価を実施する場合に用いる基本的な情報は自己評価から得られるものである．そのため自己評価の質が重要となり，その中でも自己評価の結果の中心的な情報源である評価表の質とその評価表を作成する行政職員の評価能力は特に重要である．こ

の点については，高千穂［2008］において政策の評価に関する基礎的な知識が不十分であることが評価表における説明のわかりにくさにつながる要因の1つであると指摘されている［高千穂 2008：121-122］．つまり，形式的な面では工夫されていても情報としては利用できないということは避けなければならない．

　第2は効果的な報告方法を実行する上での課題である．まず，従来の報告書に加えて新たなものを作成する場合，負担感の問題から事務局が積極的に取り組まないことも考えられる．また，視覚的な要素を取り入れたものなど効果的に報告するために工夫されたものを作成する場合，誰もが必要な技術やセンスを持ち合わせているわけではないということも考慮しなければならない．ただし，1回作成すればそれをテンプレートとして用いることができるため，2度目以降の負担感や難易度はそれほど問題にはならないとされている［Hutchinson 2017：59］．また，こだわろうと思えばどこまでもこだわることができるが，報告書の作成に時間や労力をかけすぎることや，作成自体が目的化することは避ける必要がある．

　第3は効果検証が実施されていないことである．ハッチンソンなどの実践報告や実例の紹介などはあるが，情報を効果的な形で報告した結果，利用されたのかどうかという検証も今後の課題の1つである．ただし，日本では実践例が少ないため，外部評価者が提案したり実際に作成してみせたりすることも必要であると言える．第6章で詳述するが，例えば筆者は宇治田原町や南丹市で実践している．宇治田原町ではスコアカードをモデルとして，評価対象の政策に関連する写真やアイコンを加えたものを作成するとともに，文章中心の報告書と互換性を持たせるようにした．また南丹市では，視覚的な要素を豊富に取り入れ，文章の量は最小限にした概要版を作成した．これは従来の概要版や要約とは区別されていて，one-pager や tow-pagers と呼ばれるものである．このように実物を示すことによっても，必要性や有効性が認識されることが期待できると考えられる．

88

注

1）　システム化することにはよい点もある．例えば，評価表の様式を1から検討して形にしていくという作業の手間を省くことができる．また，予算や会計のシステムと連動させることも可能であり，そのようにすれば各書類に共通の項目は自動的に入力されるなどの利点がある．

2）　予算額など何らかの基準を設けて全ての政策を対象にしていない場合や，全ての政策を対象にしていても数年かけて全ての政策が外部評価を受けるというサイクルになっている場合などが挙げられる．

3）　このアンケートのデザインについては本節の（2）で説明する．

4）　この調査結果の詳細については，宝塚市ホームページで公表されている報告書を参照されたい．

5）　ハッチンソンはカナダで活動している評価の専門家である．評価者として活動するだけでなく，研修やテキストなどにおいて評価の理論を実践で利用できるような形で伝えることにも力を入れている［Hutchinson 2017］．

6）　層状にすること（layering）というのはハッチンソンの独自の表現である．詳細さの異なるものが複数用意された状態をハンバーガーに例えて説明している［Hutchinson 2017：26］．

7）　プレスキルは主にアメリカ合衆国で活動している評価の専門家である．様々な分野で外部の評価専門家として活動するとともに教育や調査などにも従事してきた［Preskill 2019：30］．

8）　Human Early Learning Partnership Maps & Data EDI（http://earlylearning.ubc. ca/interactive-map/，2020年8月23日閲覧）．

9）　Montgomery County Government Development of Health and Human Services（https: //www. montgomerycountymd. gov/HHS-Program/OCA/CommunityAction/ interactiveSelfSufficiency.html，2020年8月29日閲覧）．

10）　1つの地方自治体で複数の制度が運用されている場合があるため，地方自治体と制度の数は一致しない．

11）　例えば，事務事業評価と施策評価を別の部署が担当していて，それぞれに独立して運用している場合などが該当する．

12）　2019年7月に再度確認し，情報を一部更新した．

13）　「成功狸（せいこうり）」とは京都市が京都国際マンガミュージアムの協力を得て2008年に作成した冊子に登場する狸のキャラクターである［京都市 2008b］．

14）　データビジュアライゼーションという概念は，日本では最近関心が高まってきているが，欧米では1980年代から提唱されており，1つの研究領域として浸透している［藤・渡部 2019：6］．

15)　視覚化の類義語として可視化があるが，両者は異なるものである．可視化は見えな
　　いものを見えるようにすることであり，視覚化は見えるようにすることに加えて内容
　　や意味を理解しやすくすることである［藤・渡部 2019：2］．

第4章　業績測定を中心とする評価制度への実用重視評価の導入可能性

╋ は じ め に

　本章では，業績測定を中心とする評価制度においても実用重視評価の要素を活かすことは可能であることを述べる．実用重視評価で主に想定されているのは，外部の評価専門家が行う体系的評価であると考えられ，業績測定を中心とする評価制度とは評価主体や評価手法が異なる．しかし，本書が対象としている自治体評価の手法は簡易な体系的評価と言える評価手法であること，自己評価と外部評価を組み合わせて実施している場合もあることから，体系的評価の中の要素の1つとして位置付けられる場合の業績測定やモニタリングとは異なると言える．

　本書では実用重視評価の要素として，評価の過程に想定利用者である行政職員を参加させることと，行政職員に評価結果を報告する方法の2点をとりあげている．この2点に着目する理由は以下のとおりである．まず，想定利用者である行政職員を評価の過程に参加させることについては，想定利用者の参加が実用重視評価の大きな特徴であり，特に重視されている点だからである．ただし，参加というと行政外部の主体からの参加が想定される場合が多い．また，本書が扱う自治体評価の中心的な手法は業績測定であり，業績測定は自己評価の手法として用いられることが多いため，参加とは結び付きにくい面もある．しかし，自治体評価は自己評価を中心とする制度であり，行政職員が果たす役

割が大きいことから，行政職員が評価の過程にどのように関わるかを考えることの重要性は高いと言える．また，自治体評価では外部評価や市民へのアンケートなどを自己評価に組み合わせている場合もあり，[1) 必ずしも自己評価のみで完結するものではない．外部評価については行政外部の専門家に委託するものを指す場合もあるが，自治体評価ではそのような方法は一般的ではなく，自己評価に基づき行政職員と外部の評価者で実施される．そのため，本書では，自己評価に基づく外部評価に施策・事業の担当課の職員がより積極的に関わることを評価への行政職員の参加とする．

　次に，行政職員に評価結果を報告する方法をとりあげることについてである．何らかの方法で評価の過程に参加させればそれでよいということではなく，パットンも述べているように評価結果の利用促進のためには参加した評価の過程で何をどのように経験するのかが重要だからである［Patton 2008：37-38］．第2章では政策を評価することについて行政職員が持っているイメージと負担感の程度が関係していることを述べたが，このイメージは評価に関する業務における行政職員の経験から形成されている．その経験とは，例えば作成された評価表からどのような情報をどのように得るか，自己評価の結果について事務局や外部評価委員会などから何をどのように指摘されるかといったことである．これはつまり，評価結果や評価に関する情報をどのように受け取っているかということであるから，想定利用者に評価結果をどのように報告するのかを考えることは重要であるといえる．また，評価結果の報告方法によって評価についてよくないイメージを持つようになれば負担感も高まると考えられるため，負担感との関係でも評価結果の報告方法は重要であると言える．

　本章では，評価の過程への行政職員の参加と評価結果の報告方法の2点について，業績測定と業績マネジメントの先行研究で述べられていることは実用重視評価の理論と共通点が見られることを述べる．それらを通じて，業績測定を中心とする評価制度においても実用重視評価の要素を活かすことができることを述べる．

　業績マネジメントとはエビデンスに基づく意思決定と組織による継続的な学習，業績に対するアカウンタビリティへの注目を通じて結果を改善する体系的なアプローチである［National Performance Management Advisory Commission 2010：3］．マネジメントは日本語では管理と訳されることが多く，管理と評価は同じものではない．しかし，地方自治体の政策実施過程に関する研究では，計画どおりに進捗しているかどうかをチェックし，遅れがあればその原因に対処するという進行管理は過程の評価にあたると捉えることもできるとされている［真山 1998：55-56］．つまり，行政における管理とは，行政が社会の変化に適切に対応していくために，自己点検と再調整を継続的に行い，目的達成や役割遂行につなげていく機能であるとされている［大森 1987：249；西尾 1995：43］．これは業績測定を中心とする評価制度において実施されていることと共通していると言える．また，業績マネジメントに関する研究においても業績測定と業績マネジメントは異なるとされているが，全く別のものと捉えられているわけではない．つまり，業績測定という評価手法にマネジメントの要素を加えてより効果的に機能するようにしたものが業績マネジメントであると考えられる［National Performance Management Advisory Commission 2010：3；Hildebrand 2007：27-34］．このような共通点と業績マネジメントにおける考え方から，業績マネジメントと地方自治体の業績測定を中心とする評価制度は類似性が高いと考えられる．ただし，進行管理においては必要性や有効性，費用対効果などの評価の視点よりも，問題なく実施することに重点が置かれる場合もあるとされている［真山 2005：6］．そのため，全く同じであるとは言えない．しかし業績測定を中心とする評価制度と業績マネジメントについては，業績測定という手法を用いて業績の改善を目指すという点において類似性が高く，相互に参照できる部分も多いと考えられる．

╂ 1. 業績測定と実用重視評価

　本章では，業績測定を中心とする評価制度においても実用重視評価の要素を
活かすことは可能であることを述べる．また，その具体的な要素として評価の
過程への参加と想定利用者への評価結果の報告方法の工夫をとりあげる．その
ため，本節では本章の中心的な要素である業績測定と実用重視評価を説明する．
　業績測定も実用重視評価も古典的体系的評価の問題に対応する形で開発され
たものであり，以下のような展開の中で開発された［窪田 1998：49-52］．古典
的体系的評価は事前評価によって将来予測を行う PPBS（Planning Programming
and Budgeting System）の基本的な部分を受け継いでいたため，評価結果と政策
決定を直結させることが目指された．しかし，評価結果から決定を導き出すこ
とよりも問題点や改善方法に関する情報の方が必要であるという批判や反発を
招くとともに，評価を実施しても結果が利用されないという問題が生じた．こ
の問題への対応策として地方政府では業績測定が開発され，90年代に注目が高
まった．また，職業的評価者である外部の評価専門家は同じ問題への対応策と
して実用重視評価を開発した．業績測定は体系的評価に比べると評価結果の客
観性や正確性が低下するというのが他の評価手法に劣る点の1つである．しか
し，技術的な専門性の高さや評価にかかる時間と費用などの問題から一度に評
価できる政策の数が限られてしまうという体系的評価の欠点を克服した手法で
もある．このような評価手法の展開をまとめたものが図4‐1である．

（1）業 績 測 定
　業績測定とは，事前に設定した指標を用いて業績を測定するという評価手法
である．業績測定を中心とする評価制度には評価対象の政策のアウトカムや効
率を定期的に測定するだけでなく，評価と対策の提言，公表という段階まで含
まれている［上野・上野 2008：62；Hatry 1999：邦訳 3］．業績測定による評価は以

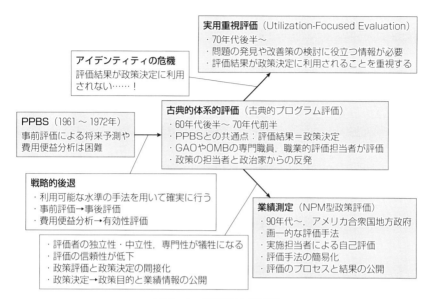

図 4 - 1　評価手法の展開

出典：窪田［1998：49-52］より筆者作成.

下のように実施する［上野・上野 2008］．まず評価対象の政策の目標と成果，コ
ストなどその他評価に必要な情報を特定する．また，指標を設定し，その測定
方法を決める．次に，設定した指標を用いて定期的に業績を測定する．この測
定は複数回行うことが推奨されている．そして測定結果を分析し，それに基づ
いて評価し，提言を考える．またそれらを報告し，公表する．日本では地方自
治体で事務事業評価や施策評価，行政評価として，府省で実績評価方式として
制度化されており，自治体評価においては主要な手法である［上野・上野 2008：
76；田中 2014：171］．また，アメリカ合衆国では GPRA（Government Performance
and Results Act：政府業績結果法）によって制度化されている[3]．このような手順を
表したものが図 4 - 2 である．

　業績測定は他の評価手法に比べると簡易で専門性が低いため，行政職員自身
が制度化し，運用していくことができる．また，1 回の評価に必要な時間や費
用も他の評価手法より少ないため，一度に多くの政策を評価の対象にできる．

1．準備段階	2．測定段階	3．評価・提言段階	4．結果の活用段階
①政策の目標を明らかにする	⑤結果を測定する	⑥評価	⑨評価結果を踏まえた行動の決定
②指標を設定し，情報の収集方法を決める		⑦原因究明，改善案の企画	⑩計画や予算への反映
③目標値を設定する		⑧評価報告書の作成，決定権者への提出，公表	
④指標や目標値について合意を形成する			

図 4 ‑ 2　業績測定の手順

出典：上野・上野［2008］より筆者作成．

この 2 点の特徴は業績測定の優れた点であり，多くの行政機関に普及している理由の 1 つでもある．しかし，アウトカムの測定において外部要因によって生じたものと純効果を区別できない，測定した業績自体がアウトカムの原因を説明するものではない，直接的に測定できないアウトカムもある，指標の測定には高いコストが必要な場合もあるなどの限界もある［Hatry 1999：邦訳 5-6；龍・佐々木 2010：183-85］．これらを補完する方法としては，体系的評価などのより詳細な評価を組み合わせて実施する，外部評価を実施する，研修を実施して評価者のレベルアップを図るなどが挙げられる．

（2）実用重視評価

日本では *Utilization-Focused Evaluation* の第 3 版の日本語抄訳版である『実用重視の事業評価入門』が2001年に出版されているが，パットンはその後さらに改訂しており，2008年に第 4 版が出版されている．以下では最新版である第 4 版に基づいて説明する．実用重視評価の概要は以下のように説明されている［Patton 2008：37］．実用重視評価は，評価のよしあしは有用性と実際の利用から判断されるべきであるという前提に基づいている．したがって，評価者は評価を実施する際の進行役を務めるべきであり，想定利用者による想定された利用につなげるためにどのように評価を実施するかを注意深く考えて評価の

過程を考えることが評価結果の利用に影響を与える．実用重視評価の本質は，人々は評価の過程をどのように経験し，評価から得た情報をどのように利用するのかということに対する継続的な調査とその結果への対応である．つまり，評価結果の受け手となる可能性のある者と潜在的な利用という一般的かつ抽象的な考え方から，実際の主たる想定利用者と具体的かつ明確な利用への明示的な参加という現実的かつ具体的な考え方に移行することが求められている．また，これまでの研究とパットンの経験から評価の過程に積極的に参加していれば政策や評価結果について彼らはしっかりと理解して当事者意識を持つようになり，評価結果を利用するようになるとされている．積極的に参加させることによって，評価者は彼らに利用の基礎，評価の各ステップにおける想定された利用の強化などに関する訓練を行うことができる［Patton 2008：38］．このように，評価の有用性を考慮することによって評価結果の利用が促進される．ただし，評価の実行可能性や評価結果の正確性，妥当性にも注意しなければならない［Patton 2008：37］．

　パットンは実用重視評価の過程を17のステップとしてまとめ，チェックリストを作成している［Patton 2013］[4)]．このチェックリストでは各ステップについてその前提となる考え方，実施すべきこと，評価を進める上での課題がまとめられている．その内容は評価の準備（ステップ1から11），評価の実施（ステップ12から13），評価実施後の提言とフォローアップ（ステップ14から16），メタ評価（ステップ17）の4段階に分けられる．以下では，この4段階と評価者に求められる役割・能力の5点から実用重視評価の進め方を説明する．

　第1段階は評価の準備（ステップ1から11）であり，組織と評価者の準備（ステップ1から4）と想定利用者と想定された利用の特定（ステップ5から8），評価する際に用いる方法の決定（ステップ9から11）に分けられる．組織と評価者の準備（ステップ1から4）では評価対象の政策の改善に役立つ評価を実施するための準備を行う．まず評価対象の政策と組織が実用重視評価を実施する準備ができているかどうかを確認し（ステップ1），評価者の準備状況と能力を確認して

強化する（ステップ2）．次に想定利用者を特定して組織化し（ステップ3），彼らとともに現状を分析する（ステップ4）．

　想定利用者と想定された利用の特定（ステップ5から8）では想定利用者による想定された利用のための準備を行う．まず，評価結果の利用につなげるために評価の優先的な目的を確立して想定利用者を明確にする（ステップ5）．また，必要に応じて評価の過程の利用を考える（ステップ6）．次に，評価における優先的な観点や項目を特定し（ステップ7），評価するために必要な観点や項目が含まれているかどうかを確認する（ステップ8）．

　評価する際に用いる方法の決定（ステップ9から11）では用いるモデルや理論を決定し，それらに対する想定利用者の理解を深める．想定されたアウトカムがどのようにもたらされるかを説明するモデルや理論（ステップ9），信頼できる情報をもたらし，想定された利用者による想定された利用を支援する方法（ステップ10）を決定する．また，それらに対する想定利用者の理解を深める（ステップ11）．具体的には実施担当者などの利害関係者と頻繁に会議を行い，評価の実施に伴う様々な決定を共同で行う．また，作業の進め方や手順は定型化されておらず，共同作業を行う相手のニーズに合わせる．このように，評価結果を導出する過程の決定に想定利用者が直接参加することで，想定利用者は結果に対して当事者意識を持つようになる．

　第2段階は評価の実施（ステップ12から13）である．評価結果の利用をシミュレーションし，もたらされる評価結果が想定利用者にとって有意義な学習や経験となるかどうかを検討し（ステップ12），データを収集する（ステップ13）．

　第3段階は評価実施後の提言とフォローアップ（ステップ14から16）である．データを整理して想定利用者に提供し（ステップ14），評価によって影響を与えるために利用を促進し，評価による重要な発見を報告する準備をする（ステップ15）．さらに，想定利用者に対してフォローアップを実施することで利用を促進する（ステップ16）．実用重視評価では提言も評価者の役割の1つであるとともに，提言はクライマックスではなく評価結果の利用を促進するための機能

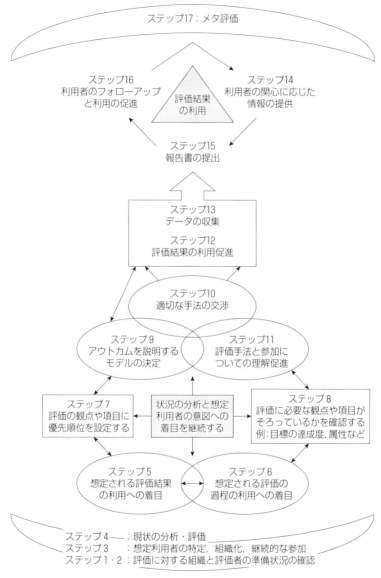

図 4 - 3　実用重視評価の17のステップ

出典：Patton［2013：19］より筆者作成.

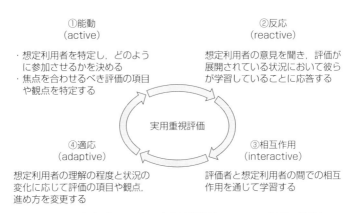

①能動
(active)

・想定利用者を特定し，どのよう
　に参加させるかを決める
・焦点を合わせるべき評価の項目
　や観点を特定する

②反応
(reactive)

想定利用者の意見を聞き，評価が
展開されている状況において彼ら
が学習していることに応答する

実用重視評価

④適応
(adaptive)

想定利用者の理解の程度と状況の
変化に応じて評価の項目や観点，
進め方を変更する

③相互作用
(interactive)

評価者と想定利用者の間での相互
作用を通じて学習する

図 4 - 4　評価者から見た実用重視評価における評価の過程

出典：Patton［2008：207-209］より筆者作成.

　の1つであると捉える．提言の実現可能性を高めるためにはデータ収集と整理
の段階から想定利用者による利用を想定する必要がある．また，複数の選択肢
を用意するなど提言に弾力性を与える工夫を行うとともに，提言後も想定利用
者を追跡調査して利用を促進あるいは強化する必要がある．

　第4段階はメタ評価（ステップ17）である．評価結果の利用についてメタ評価
を実施することでアカウンタビリティを果たし，学習と改善を促進する．

　実用重視評価のステップは段階的かつ連続的に説明されている．しかし，実
際に進めていく中では，実践における複雑で非直線的な力学の相互作用と相互
依存性を示し，複雑かつダイナミックで適応性のあるシステムとして展開され
る［Patton 2013；18］．その過程を描いたものが図4-3である．

　評価者の立場からは，実用重視評価の過程は「能動（active）―反応（reac-
tive）―相互作用（interactive）―適応（adaptive）」と説明され，図4-4のよう
に一連のサイクルで表される［Patton 2008：207-11］．このようなサイクルは，
主たる想定利用者を明らかにする段階から評価の項目や観点に合わせた手法が
選択されることで，結果を分析して報告する段階まで評価者と想定利用者の相
互作用として展開されることを表している．つまり，全ての段階は評価者と想

定利用者の共同作業によって進められる [Patton 2008：209].

　また，実用重視評価では評価者に求められる役割や能力も特徴的である．こ
こで想定されている評価者とは外部の第三者が務める職業的評価担当者のこと
である．実用重視評価は想定された利用に焦点を合わせ，想定利用者との共同
作業で進めていくものであり，評価者はその過程を主導する役割を担う．その
ため，評価者は政策が社会に及ぼす影響を把握するための多様な手法を理解し，
それらを高いレベルで使いこなすことが求められる．このような役割や能力を
持った評価者は，教師のように人を導く立場の人物としての能力と人格的魅力
を持った人や，ファシリテーターとも言われている [窪田 2005：32, Patton
2018].

　このように，実用重視評価では想定利用者の状況やニーズに合わせた情報を
提供することが重視されている．想定利用者が評価結果をどのように利用する
かを踏まえて評価の過程に参加させれば，評価に対する彼らの当事者意識を高
めることができ，それによって評価結果の利用が促進される．

＋ 2．実用重視評価の理論における適用範囲

　本節では，実用重視評価は特定の評価手法や評価制度のみを想定しているわ
けではないことを述べる．また，本書の対象である業績測定を中心とする評価
制度はモニタリングを行うだけのものではないことから，実用重視評価派業績
測定を中心とする評価制度にも適用可能性があることを述べる．前節で説明し
た実用重視評価の進め方や先行研究から，実用重視評価は主に体系的評価を想
定していると考えられる．しかし，体系的評価のみを想定しているとは述べら
れておらず，想定利用者による想定された利用という実用重視評価の原則はど
のような文脈の評価にも適用可能であり，重要なのは実用重視評価の原則に従
うことであるとも述べられている [Patton and Campbell-Patton 2017：29].例えば，
形成的評価か総括的評価か，定量的データと定性的データのどちらを扱うか，

過程とアウトカム，インパクトのいずれに焦点を合わせるかに関わらず対応可能であるとされている［Patton 2008：37-38］．つまり，アカウンタビリティを果たすこと，プログラムの改善，戦略の分析，メリットや価値の総括的評価，モニタリング，知識の創出など評価の様々な目的に適用することができる［Patton and Campbell-Patton 2017：29］．また，評価主体は地方レベルから，州，国，国際的レベルまで適用可能であり，どのような評価であっても政策の展開や実施を変化させるものとなるとされている［Patton and Campbell-Patton 2017：29］．

　このように，想定利用者による想定された利用という実用重視評価の原則は様々な評価に適用可能であるとされている．ここで挙げられている様々な評価のうち，例えば形成的評価と総括的評価は一般的な評価の分類の１つだが，その違いは大きい^{6）}．つまり，形成的評価は実施状況をモニタリングし，実施中の政策の形成に貢献することでアカウンタビリティを果たすことに貢献するための評価である［佐々木 2010：50；山谷 2012：96］．そのため，実施途中の情報が必要となり，評価主体としては外部の評価者よりも内部の行政職員の方が適している［山谷 2012：96］．一方，総括的評価は事後的に検証して本質や値打ち，意義を明らかにすることでアカウンタビリティを追及するための評価である［佐々木 2010：50；山谷 2012：96］．この評価結果を踏まえて現在の政策を継続するか廃止するか，拡大するか縮小するか，また次期の事業を実施するかなどの意思決定を行う［佐々木 2010：50］．また，形成的評価か総括的評価かという違いに限らず，評価の目的によって最適な評価制度や評価手法は異なる［山谷 2012：24］．さらに評価主体の違いは，評価のために割くことができる人員や時間，費用，利用可能な評価手法などに違いをもたらす．そのため，評価主体は採用される評価制度や評価手法を規定する要素の１つとなる．さらに，目的に応じて別の評価組織を立ち上げることが理想であるとされているなど［山谷 2012：24］，何を目的として評価するか，評価することによって何をどうしたいのかという点は政策の評価において非常に重視される点の１つである．これらのことから，実用重視評価は特定の評価制度や評価手法のみを対象にしている

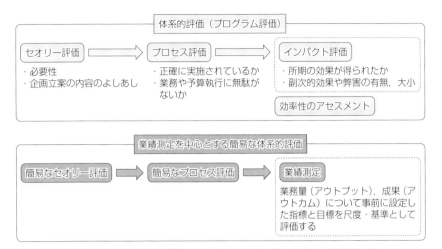

図4‐5　体系的評価と業績測定を中心とする簡易な体系的評価の違い

出典：筆者作成.

わけではないと考えられる.

　本書は自治体評価を対象としており，その評価制度は業績測定を中心的な手法としているが，評価表の項目などから簡易な体系的評価であると考えられ，モニタリングを行うだけのものではないと言える［窪田・池田 2015］．簡易な体系的評価とは行政計画上の施策や予算の単位である事務事業を対象として必要性評価とセオリー評価，プロセス評価を簡略化して行い，インパクト評価の代わりに業績測定によってアウトカムを評価しようとする評価手法である［窪田・池田 2015：4］．ただし，簡易な体系的評価における評価者は一般の行政職員であり，評価の専門家や各政策の分野の専門家ではないため，体系的評価と同等程度のレベルを期待することはできない［窪田 2016：49］．体系的評価との違いは評価者の専門性の高さとアウトカムを把握するための手法であり，体系的評価では社会調査の手法や，教育学や心理学の手法など専門性の高い手法を応用する［窪田 2016：49；窪田・池田 2015：4］．体系的評価と業績測定を中心とする簡易な体系的評価の違いを表したものが図4‐5である.

　簡略化された必要性評価とセオリー評価，プロセス評価を実施しているかど

うかは評価表から確認できる．評価表は独自のものを使用している場合もある
が，記載項目は類似している場合が多い．総務省の調査では目的（目標），予算
額・決算額，成果指標・実績，活動指標・実績，事業所管部局による自己評価
結果，行政内部での二次評価結果，行政以外の主体による評価結果，評価結果
を踏まえた改善点，予算要求への反映状況，資金の流れという10個の項目に分
類されている［総務省自治行政局市町村課行政経営支援室 2017：5］．他に指標の説明
や数値の算出式，ロジックモデル，市民へのアンケートの結果などが記載され
ている場合もある．これらのうち，必要性評価とセオリー評価は目的（目標）
が該当し，目的や目標を確認することによって必要性や企画立案内容のよしあ
しを評価しており，96.1％の地方自治体がこの項目を設けている．プロセス評
価は活動指標・実績が該当し，活動の内容やその実績から企画立案されたとお
り正確に実施されたかどうかを評価しており，80.6％の地方自治体がこの項目
を設けている．インパクト評価の代わりとしての業績測定は成果指標・実績が
該当し，成果として想定されるものに設定した指標の実績から想定していたと
おりの効果が得られたかを評価しており，88.8％の地方自治体がこの項目を設
けている．

　さらに，業績測定や業績マネジメントの先行研究においても，行政職員を想
定利用者として捉え，評価を彼らにとって取り組みやすいもの，積極的に取り
組めるものにすることで業績測定を中心とする制度をより効果的に機能させる
ことができると述べられている．この点については第４節と第５節で詳述する．
業績マネジメントは業績測定を１つの要素として含むが人事なども含めて組織
全体を戦略的に運営していくためのものであり，府省や地方自治体で制度化さ
れている政策の評価とは異なるものだが，その先行研究を参考にするのは，中
心的な手法が業績測定であるからである．また，政策の改善やサービスの質向
上，アカウンタビリティなど目指していることは政策の評価制度と共通する部
分が多いことも理由の１つである．

　このように，実用重視評価の提唱者であるパットンは体系的評価のみを対象

としているとは述べておらず，様々な評価に対応できるとしている．また，本書が対象としている自治体評価の制度は業績測定を中心とするものではあるが，体系的評価の要素も備えている．さらに，次節以降で詳述するが，業績測定や業績マネジメントに関する先行研究においても実用重視評価と共通する考え方が見られる．したがって，実用重視評価は特定の評価手法のみを想定しているわけではなく，業績測定を中心とする評価制度にも適用可能性があると言える．また，これらのことから，実用重視評価を適用するとは実用重視評価の要素を業績測定に新たに取り入れる，あるいは既に備えているが活かせていない要素を活かすということでもあると言える．

＋ 3．評価の過程への想定利用者の参加

　本節では，実用重視評価の重要な要素の1つである想定利用者の評価の過程への参加について述べる．まず，実用重視評価では想定利用者とはどのような主体であり，どのような利用が想定されているのかを説明する．次に，業績測定を中心とする評価制度や業績マネジメントに関する先行研究においても想定利用者について考え，評価の過程に参加させることでより効果的に制度を運用していけるとされていることを説明する．

（1）実用重視評価における想定利用者と評価の過程への参加

　実用重視評価の本質は，想定利用者を評価の過程に参加させることによって彼らが求めている情報や利用できる情報を提供し，評価結果の利用を促進することである．そのためにはまず誰が想定利用者であり，彼らは評価結果をどのように利用するのかを特定することが重要である．そして評価者は想定利用者を特定した上で，評価が彼らの価値観やニーズに対応できるよう評価者と想定利用者の円滑な相互作用と関わりを維持する必要がある［International Development Research Center 2012：1］．以下では実用重視評価における想定利用者と，

想定利用者の評価の過程への参加について説明する.

　想定利用者とは，評価結果の受け手となる可能性がある個人や組織であり，特に評価の過程または結果から学習したことを仕事に活かす意思と権限，能力を持った個人や組織を指す［International Development Research Center 2012：1；Patton 2008：37］.[7] 彼らは評価から影響を受ける立場にあり，また，評価の実施に関する意思決定を行い，評価の過程または結果を利用して意思決定や行動に情報を与える権限を持っている．また，対人関係に関する高いスキルや評価の経験，調査に関する知識，評価に積極的に関わろうとする意思，批判的な意見や教訓であっても前向きに受け入れようとする姿勢などもあればより望ましいとされている［Ramirez and Brodhead 2013：26-27］.このような想定利用者は評価を理解し，積極的に参加することで評価について当事者意識を持つようになり，評価の過程や結果を利用するようになる［Patton and Horton 2009：1］.

　想定利用者は以下のような点を検討することで特定することができる［International Development Research Center 2012：2；Patton and Horton 2009：2］.まず，評価結果や評価の過程，評価への参加からの影響を強く受ける可能性がある，あるいは評価が実施されることに強い関心を持っている個人や組織を検討する．さらに，その中でも評価対象の政策に関する意思決定を行い，変化をもたらすことができる立場にある個人や組織を検討する．また，想定利用者を特定して関わらせる上でどのような課題や障害に直面するか，特定された想定利用者は評価にどのように関わることができるか，想定利用者ではないが評価結果に関心を持っている個人や組織は存在するかといった点を考慮することも必要である.

　このようにして特定された想定利用者はどのように評価結果を利用するのか，また具体的にどのような個人や組織なのかをまとめたものが表4－1である.評価の目的によって利用の方法や利用者は異なる．評価の目的は総合的な判断，評価対象の政策の改善，知識の創出，新たな組織や政策の創出，アカウンタビリティ，モニタリングに分けられている．これらの目的を達成するためになさ

表4‐1　評価の目的別の想定される利用方法と想定利用者の例

評価の目的	想定される主な利用	典型的な主たる利用者
総合的な判断を行う（総括的評価）	・プログラムの総合的な価値を判断する ・プログラムを継続する価値があるかどうかを決定する	意思決定に責任を負う人 ・資金提供者／団体 ・管理者，監督者 ・実施方法を決定した人
評価対象の政策を改善し，関係者の学習につなげる（形成的評価）	評価対象の政策の実施内容やその方法を改善する	評価対象の政策の日々のマネジメントに関わっている行政職員
知識をもたらす	別の政策から評価結果を横断的に検討し，有効性のパターンを明らかにする	・政策の企画や立案に関わる人（デザイナー） ・計画を策定する人 ・モデルを構築する人 ・理論家 ・研究者
組織または政策を新しく創り出す	突発的な状況に対応する	変化が速い環境において制度に変化をもたらす個人や組織 例：社会起業家
アカウンタビリティを果たす	達成状況を説明する	資源の利用に責任を負っている人 例：行政機関，資金提供者
モニタリングを行う	マネジメントの観点からの関心が求められる重要な分野についての情報を提供する	・組織内部におけるアカウンタビリティを果たす責任を負っている人 ・情報システムのマネジメントに責任を負っている人 例：評価対象の政策の責任者

出典：Zaveri and Solomon [2012：6-17] より筆者作成.

れる利用が想定される主な利用であり，そのための能力や権限を備えた人が想定利用者となる.

　このように，想定利用者としては様々な主体が存在するが，その構成は評価対象や組織の性質によって異なる．想定利用者が多い場合，相当なサポートやコミュニケーション，想定利用者の能力の定期的なモニタリングが必要になるが，それらを実行していくことは現実的ではない．そのため，想定利用者は人数という量的な面よりも必要なスキルを備えているかなどの質的な面の方が重要であるとされている[Ramirez and Brodhead 2013：29].

　評価結果の想定利用者が評価の過程に参加するとは，具体的には以下のような
ことを指す［Patton and Horton 2009：4-5］．評価の枠組みを決定する前の段階
では，評価者が評価対象の政策の担当者との話し合い，評価を実施する目的や
評価対象の政策の目的などを明らかにして共有する．これはインタビューほど
計画的な調査ではなく，評価者と担当者が実際に顔を合わせて話をするという
程度のものを指している．その後は評価対象の政策に関わっている職員を参加
者としてワークショップを実施し，改善に向けて評価対象の政策の強みと弱み
を明らかにする，担当者や管理職，その他の関係者などにインタビューを行う
などの方法で参加する[8]．同じ組織が他の地域や国でも評価対象の政策を実施し
ている場合に，評価者とともに現地調査に行くという方法もある[9]．この現地調
査では，単に訪問するだけでなく，１カ所訪問するごとにデブリーフィングを
必ず行うことが重要であるとされている．また，データの収集と分析を評価者
とともに行うという直接的な方法もある．報告や提言などの最終段階に近づい
てきた時点での参加方法としてはデータパーティー（data party）がある
［Hutchinson 2017：23；93］．データパーティーとは，評価対象の政策の関係者な
ど評価結果を受け取る側の人々が評価による発見を振り返り，その情報を基に
交流する機会であり，報告書がある程度完成した段階で実施される．データパ
ーティーでは，各自にとってそのデータが意味していること，各自の期待と評
価結果との差，データや評価結果の中で各自にとって目立つことや驚いたこと，
現状とその原因，求められている対応，評価者による提言の実現可能性，評価
結果と提言を意思決定者に報告する際の最適な方法などについて考える．この
ような機会を持つことによって，評価者は最適な結論や提言のための意見やア
イディアを得ることができる．また，評価結果の受け手にとっては自らデータ
を分析したり解釈したりする機会となり，そのような過程を経ることで結論や
提言を受け入れやすくなる．

　このように，参加の方法や程度は様々であり，実施する評価の目的や手法，
想定利用者によっても異なる．また，参加という用語が使用されているが，必

ずしも評価者と想定利用者が共同で取り組むというような直接的なものを意味しているわけではない．重要なのは，想定利用者が置かれている状況や求めている情報を明らかにし，それを適切な方法で提供することであり，その方法は多様であると言える．

（2）業績測定を中心とする評価制度における想定利用者と評価の過程への参加

　想定利用者という概念は主に実用重視評価において用いられるものである．しかし，業績測定を中心とする評価制度にも想定利用者という考え方は存在することを説明する．想定利用者としては様々な主体が考えられるが，本書では行政職員としている．行政職員を想定利用者とするのは，業績測定を中心とする評価制度は自己評価を中心とするものであり，行政職員が果たす役割が大きいからである．また行政職員は，評価の制度や手法，評価対象の政策について既に一定の知識を持っているため評価結果を理解しやすい．さらに，評価結果を利用して評価対象の政策を見直すなど次の行動につなげやすい立場にある．つまり，実用重視評価における想定利用者の説明でも述べられているように，評価の過程または結果から学習したことを仕事に活かす権限と能力を持っている主体であると言える．

　以下では，業績測定と業績マネジメントに関する先行研究において行政職員を評価の過程により積極的に関わらせることによって評価結果に対する当事者意識を高めることができるということについてどのように述べられているかを説明する．なお，業績測定や業績マネジメントに関する研究では行政，特に地方政府における様々な役職の名称が使用されている．役職の名称や位置付けは組織によって異なるため，共通の名称を用いることは難しいが，先行研究では「長とその側近 → 管理職 → 現場の職員・直接の担当者」という3つの段階が想定されていると考えられる[10]．以下ではこの3段階を想定して説明する．

　業績測定を中心とする評価制度では，事業などの小規模な単位で目的の実現について議論することで直接の担当者と管理職の評価の過程への参加が促進さ

れるとされている［Hildebrand 2007：33］．この議論については，特定の職員だけでなく長とその側近，管理職，直接の担当者の間で業績と計画を照らし合わせて議論する場を設けることで，データの解釈と業績に関する問題への注目を高め，指標や目標の見直し，業務の改善に役立つとされている［Edwards and Thomas 2005：373-374；National Performance Management Advisory Commission 2010：27-31］．また，継続的に実施することが重要であり，それによって業務を改善する手段としての測定の必要性や重要性を行政職員が認識するとともに，当事者意識が高まり，業績の測定とその結果に基づく業務の改善の検討が日々の業務と関連するものとして認識されるようになる［Hildebrand 2007：33；Survey of CDLR menbers 2010：59-60］．

　これらは業績測定という評価手法の特徴を活かすためのポイントであると言える．つまり，業績測定は事前に設定した指標を用いて定期的に測定を行うものであり，できるだけ定量的な指標を設定することが求められている．そのため，指標を用いて測定したデータを解釈し，そこから成功または失敗の理由を探り，改善策を検討することが中心的な作業となる．このような作業は直接の担当者が取り組むものと認識されることも多いが，その過程をより有効なものにするためには，直接の担当者だけでなく管理職などの上位の職員も含めて取り組むことが重要であると言える．また，評価の過程だけでなく制度設計の段階においても，職員はシステムに対して当事者意識を持っているか，結果とその利用について認識しているか，制度のデザインに関与しているかという点を確認することが重要であるとされている［Survey of CDLR menbers 2010：66-70］．

　業績測定を中心とする評価制度において，行政職員を想定利用者として参加させている具体例としては京都市の政策評価制度が挙げられる．京都市の政策評価制度では政策と施策の評価において客観指標に基づく評価と市民生活実感調査の結果に基づく評価の2つを踏まえて総合評価がなされている．京都市では2018年度に市民生活実感調査に施策・事業の担当課が自由に質問を追加できるようにすることで求められている情報を提供できるようにした[11]．2018年度は

京の花文化の継承・普及と花関連産業の新興を担当する産業観光局農林振興室農業振興整備課が事業の改善のための情報を得ることを目的として10個の質問を追加している．なお，2019年度の調査では質問を加えることはしていない．市民生活実感調査は，政策の改善を目的として京都市のまちづくりについての市民の実感を調査するものであり，無作為抽出された20歳以上の京都市民3000人を対象として実施されている[12]．つまり，評価対象の政策と施策に関連する市民生活実感調査の結果が評価のためのデータの1つとなっている．そこで，この調査から施策・事業の担当課が政策の改善のために必要な情報を得られるような質問を追加できるようにすることで，想定利用者である行政職員が評価の過程に参加することを実現した．それによって，想定利用者は求めている情報を得ることができるため，評価に対する当事者意識が高まり，評価結果の利用につながると考えられる．

　また，外部評価も想定利用者である行政職員を評価の過程に参加させることで当事者意識を高める方法の1つになり得ると考えられる．総務省の調査では58.0%が職員の意識改革を外部評価の目的の1つとして挙げている［総務省自治行政局市町村課行政経営支援室 2017：3］．外部評価の場に施策・事業の担当課の職員が出席しているかどうか，また出席していてもどの程度どのように関わるかは制度によって異なる．また，実用重視評価の基本である想定利用者が求めている情報を特定して得られるようにするという側面は弱い．しかし，外部評価の場で施策・事業の担当課に政策の説明や質疑応答などの役割がある場合には，外部評価委員との問答を通じて課題を認識することや，学習すること，新たなアイディアを得ることなどによって当事者意識が高まると考えられる．また，積極的な役割はない場合でも外部の評価者による議論を見て情報を得ることで当事者意識が高まると考えられる．外部評価については自己評価に不足している客観性や信頼性を確保するという機能が第1に挙げられることも多い．しかし，多様な観点からの意見やアイディアによって行政職員に気づきや学習の機会を与えるという機能も重要であり，地方自治体の外部評価においては，

委員会の構成員の属性が多様であることから考えてもこの機能が持つ意義は大きいとされている［田中 2014：118-119］．

　例えば筆者が2013年8月7日に傍聴した大阪府高槻市の事業公開評価会では評価対象の政策の担当課以外の職員も傍聴できるようになっていた．事業公開評価会では事務事業を評価対象の単位として，1つあたり40分程度で評価を行う．まず担当課の職員が事務事業の概要を10分程度で説明し，その後25分程度で評価者と職員の間で質疑応答を行い，評価者が意見を述べる．最後に5分程度でコーディネーターが各評価者の意見を整理するという流れで進められ，形式としては事業仕分けに類似している．評価者を務めているのは学識経験者や弁護士，公認会計士，公募の市民である［高槻市 2013：5］．このような評価では評価対象となる政策は一部のものであるため，評価に関わる職員も限られている．実際に傍聴に来ていた行政職員は少なかったが，このように傍聴の機会を設けることで学習の機会にはなると言える．説明や質疑応答を実際にする場合と傍聴するだけの場合では関わる程度が異なるため，どちらの方法でも同等の効果が得られるわけではない．しかし，外部評価は一般的に主な目的とされる客観性の確保だけでなく，実用重視評価の要素を活かす場とすることで想定利用者である行政職員にとっても有意義なものになると考えられる．実用重視評価の理論で述べられているように，評価結果の利用を促進する上で重要なことの1つは評価についての想定利用者の当事者意識を高めることであるから，外部評価に想定利用者である行政職員が参加することはその方法の1つとなり得る．

　4．評価結果の報告

　実用重視評価では想定利用者による想定された利用を促進することで評価結果が利用されるようになるため，想定利用者を評価の過程に参加させることが重要であるとされている．想定利用者を評価の過程に参加させる上で考慮すべ

きことは複数あるが，評価結果をどのように報告するかということは想定利用者の理解やその後の利用にも影響すると考えられるため，評価の過程においても最終的な報告においても重要な要素の1つであると言える．本節では，まず評価の過程において評価結果を報告する主体と利用する主体の関係を評価制度のパターン別に説明する．次に実用重視評価において想定利用者への評価結果の報告について述べられていることを整理する．また，業績測定を中心とする評価制度や業績マネジメントの先行研究においても行政職員に評価結果をどのように報告するかを考える必要があるとされていることを説明する．

（1）評価の過程において評価結果を報告する主体と利用する主体の関係

　評価制度によって評価結果を報告する主体と利用する主体の関係は異なる．以下では，外部の評価専門家が実施する体系的評価と業績測定を中心とする評価制度で外部評価を実施していない場合と実施している場合の3つの評価制度について説明する．

　外部の評価専門家が実施する体系的評価において評価結果を報告する主体と利用する主体の関係を示したものが図4‐6である．これは行政が外部の評価専門家に評価の実施を委託した場合，外部の個人や組織から評価の必要性が指摘された場合，外部の評価専門家が研究として実施する場合などが該当する．この場合，評価を実施するのは行政外部の評価専門家であり，評価結果を利用するのは行政職員やサービスの提供に関わっている団体，など評価者とは別の個人や組織である．

　業績測定を中心とする評価で外部評価を実施していない場合における評価結果を報告する主体と利用する主体の関係を示したものが図4‐7である．これは日本の自治体評価で外部評価を実施しておらず自己評価のみを実施している場合などが該当する．この場合，組織内部で完結する制度であり，評価を実施する主体もその評価結果を利用する主体も行政職員となる．また，この場合のフィードバックとは評価を担当している事務局から施策・事業の担当課へ説明

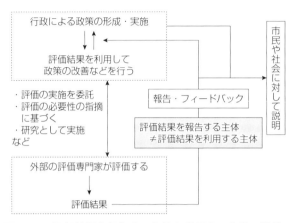

図4‐6　評価結果を報告する主体と利用する主体の関係1

出典：筆者作成.

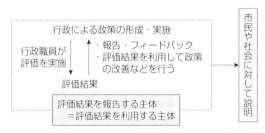

図4‐7　評価結果を報告する主体と利用する主体の関係2

出典：筆者作成.

する，施策・事業の担当課内で上司から部下に説明するなどが該当する.

　業績測定を中心とする評価制度で外部評価を実施している場合における評価結果を報告する主体と利用する主体の関係を示したものが図4‐8である．これは日本の自治体評価で自己評価と組み合わせて外部評価を実施している場合などが該当する．この場合，組織内部で完結する部分と組織外部の主体が関わる部分が混在する制度となっている．また，外部評価では組織外部の主体が評価を実施するが，事務局や施策・事業の担当課の職員も評価の場における政策の説明などで関わっている場合が多く，完全に組織外部で実施されているわけ

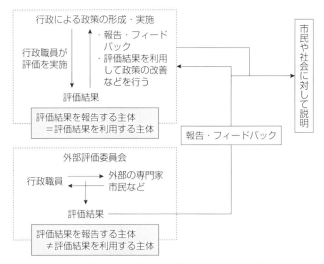

図 4‐8　評価結果を報告する主体と利用する主体の関係 3

出典：筆者作成.

ではない．これが外部の評価専門家による体系的評価とは異なる点である．自
己評価の結果の報告については外部評価を実施していない場合と同じだが，外
部評価の結果は外部評価の実施者から行政職員に報告される．なお，本書では
外部評価のみを実施している場合も対象としているが，その場合も主体の関係
を示す図としては図 4‐8 が近い．それは，外部評価のみの場合は自己評価の
部分がないことになるが，外部評価を実施するための準備の過程は自己評価の
作業に近いものであるためである．

（2）実用重視評価における評価結果の報告

　実用重視評価において評価結果を想定利用者に報告することについてどのよ
うに述べられているのかを説明する．実用重視評価は，想定利用者が評価の過
程に参加し，政策や評価結果について理解することによって評価結果や政策に
対する当事者意識が高まり，評価結果の利用が促進されるという理論である
[Patton 2008：37-38]．また，実用重視評価による評価の本質は，人々が評価か

ら得た情報をどのように利用し，評価の過程をどのように経験するのかということであるとされている［Patton 2008：37］．これらのことから，想定利用者を評価の過程に参加させてそこから評価結果の利用につなげるためには，想定利用者が評価結果を理解し，受け入れられるように報告する必要があると言える．

　実用重視評価においては，利用は最終段階でなされるものではなく，評価の過程全体を通じて全ての段階でなされるものであると考えられている．そのため，実用重視評価では評価結果の利用を促進する要素の１つにすぎないとされている．しかし，パットンも最終的な報告書に含むべき項目や報告する際の原則などを具体的に述べており，その原則において述べられていることは，評価の過程で想定利用者に説明などを行う際にも共通するものであると考えられる．以下では実用重視評価における評価結果の報告について述べる［Patton 2008：507-18］[13)]．

　実用重視評価における報告の原則は６個ある．第１に，計画的に取り組み，報告の目的を明らかにしてその目的に合うように報告することである［Patton 2008：509-11］．計画的に取り組むとは，利用を実現するために評価結果が意味することについての理解を共有しておくということである．報告書を作成することは評価のアウトプットであり，評価結果の利用を促進するための手段である．そのため，評価結果の利用というアウトカムを実現するためにはこの原則が重要になる．第２に，想定利用者を意識し，彼らにとっての優先順位に従って報告することである［Patton 2008：511-512］．報告の方法や報告書の様式，項目，報告の過程は，評価者の関心ではなく想定利用者による想定された利用と連動するものでなければならない．第３に，情報を体系立てて報告し，理解を促進することである［Patton 2008：512］．この原則では情報を視覚化して報告することの重要性が強調されており，表やグラフは関心を高め，情報を手早く説明することができ，文章よりも影響力が高いと述べられている．第４に，想定利用者を驚かせないようにすることである［Patton 2008：512-14］[14)]．この原則では報告書を最終的に仕上げる前に草案の段階で想定利用者と共有しておくこと

の重要性が強調されている．これは評価の依頼者を喜ばせるために評価結果を
ごまかすという意味ではなく，情報の優先度を考える機会を設けるということ
である．単発の情報提供や最終的な報告書のみが公表されることは想定利用者
を驚かせたり，関心を持たれなかったりすることにつながるため，形成的なフ
ィードバックが最も効果的であるとされている．第5に，ネガティブな情報も
受入れ，そこから学習できるよう想定利用者に準備させることである［Patton
2008：514-16］．評価を実施すればよくない結果が出ることや，認めたくないこ
とが明らかになること，事実ではあるが指摘されたくないことが明らかになる
こともある．しかし，評価対象の政策に関わっている職員がネガティブな評価
結果を恐れていると評価の影響力を弱めることになる．しかし，よかったか悪
かったかという判定よりも評価結果からの学習と利用に重点を置くようにする
ことで評価者は職員の受容力を高めることができる．第6に，評価結果を広く
普及させることと評価結果の利用を促進することを区別することである［Pat-
ton 2008：516-18］．評価結果を広く普及させることは評価の影響力を高める上
で重要である．しかし，それは長期的に実現されていくことであり，評価者に
はコントロールできない．そのため，実用重視評価では想定利用者に最適な形
で報告することによって評価結果の利用を促進することに重点を置いている．

　これらの原則は評価結果の最終的な報告をどのように行うべきかということ
に関するものであり，最終的な報告よりも前の段階で情報をどのように報告す
るべきなのかということについてはパットンも述べていない．しかし，これら
の原則は評価を実施する過程においても役立つものであると考えられる．第5
章でとりあげる業績スタットは，評価の過程の1つである会議の場で情報を報
告する方法を工夫することで評価結果の利用につなげることを目指している事
例としてとりあげる．

（3）業績測定を中心とする評価制度における評価結果の報告方法

　実用重視評価では，評価を実施する過程を想定利用者がどのように経験する

かという点が重視されており，それは主に想定利用者をどのように参加させる
かということである．しかし参加とは，評価者と想定利用者の共同作業として
何をどのように実施するのかということだけでなく，想定利用者に評価結果を
どのように報告するかということも含まれることを（2）で確認した．以下で
は，業績測定を中心とする評価制度と業績マネジメントに関する先行研究にお
いて行政職員への評価結果の報告方法の重要性についてどのように述べられて
いるかを説明する．

　まず評価者は，想定利用者が必要としている情報はどのようなものであり，
それが想定利用者にとって効果的な形で報告されているかという点を確認する
必要がある［Survey of CDLR menbers 2010：68］．提供される情報が効果的に報
告されなければ，業績に関するデータは収集されるだけで終わってしまい，改
善などの次の行動につながらない．また，同じ内容であっても想定利用者にと
って不適切な，あるいは好ましくない形で報告されていれば，評価についての
イメージが悪化する可能性もある．効果的に報告できている状態であると言え
るためには，情報を受け取った側がデータに含まれるメッセージや情報にアク
セスして理解していることが求められ，そのためには報告書を単純に配布した
り公表したりするだけでは不十分であるとされている［National Performance
Management Advisory Commission 2010：40］．

　また，改善や政策立案に中心的に取り組む行政職員だけでなく管理職などの
上位の職員も含めて評価の過程に参加させ，想定利用者に情報を与え続けて関
心を維持し，高めることが重要であるとされている［National Performance Man-
agement Advisory Commission 2010：40］．これは，情報を提供することによって
行政職員の当事者意識を高め，どのようにして改善などの次の行動につなげて
いくかという議論のきっかけを提供できるからである．つまり，評価結果の報
告のゴールは行政職員が改善などの評価を踏まえた次の行動に対してエンパワ
メントされた状態であるとされている［National Performance Management Advi-
sory Commission 2010：41］．

　このように，評価結果の利用につなげるための報告の重要性については，体系的評価だけでなく業績測定を中心とする評価においても同様に指摘されている．業績測定を中心とする評価の場合，自己評価が中心であることから主な想定利用者は行政職員となる．そのため，評価は政策過程の一部であるから行政職員自身が評価結果を利用して改善などに取り組むことは当然のことであるという考え方もあり得る．しかし序章で述べたように，行政において評価制度は，自然に導入され，導入されれば特に工夫しなくても効果的に運営されるものではないと考えられる．そのため，業績測定を中心とする評価においても行政職員を想定利用者として改めて認識し，彼らにとって適切な方法で評価結果を報告することの重要性は高いと言える．また，業績測定という手法の特性上，数量的なデータをどのように報告するかが重要な点の１つであると言える．

＋　お わ り に

　実用重視評価は，その進め方や評価者に必要なスキルの説明などから外部の評価専門家による体系的評価を主に想定していると考えられる．しかし，実用重視評価の提唱者であるパットン自身も特定の評価手法に限定しているわけではなく，様々な評価に適用できると述べている［Patton and Campbell-Patton 2017：29］．本書は業績測定を中心とする評価制度を対象としており，業績測定や業績マネジメントに関する先行研究においても想定利用者の参加や評価結果の報告方法の重要性について述べられている．本章では，それらは実用重視評価において述べられていることと共通していることを確認した．これらのことから，業績測定を中心とする評価制度においても想定利用者を明確化すること，その想定利用者にとって適切な形で評価を実施し，その結果を報告することが重要であると言える．また，業績測定を中心とする評価において実用重視評価の要素を活かすことは，まったく新しい要素を取り入れるというよりは，既に備えているが活かせていない要素を活かすと考えることもできる．よって，業

績測定を中心とする評価制度においても実用重視評価の要素を活かすことができ，それは想定利用者である行政職員を評価の過程に参加させることと，彼らにとって理解しやすく利用しやすい形で評価結果を報告することの2点において可能であることを述べた．

　第2節で述べたように，業績測定は他の評価手法に比べると専門性が低く，評価に必要な時間や費用も少ない．そのため，一度に多数の政策を評価の対象にし，行政職員自身が評価することが可能である．また，財政難による行財政改革の必要性の高まり，行財政改革の手段として業績の測定と評価を推奨するNPMへの注目などから評価制度を導入していった地方自治体にとって，評価手法の中で業績測定は現実的な選択肢であったと言える．

　一方で，どのような評価手法にも長所と短所の両方があり，業績測定には，政策がもたらした効果と副次的効果または弊害を区別できないなど得られる情報の正確性や客観性という点で他の評価手法には劣る．それは体系的評価との比較で強調される点でもあり，体系的評価に比べると確かに劣る点である．そのため，本書では業績測定という評価手法を中心とする評価制度を対象としているが，それが最もよい評価手法や評価制度である，あるいはそれだけで十分であると認識しているわけではない．また，業績測定という評価手法は簡易な評価手法であるとされているが，実際には最も重要な部分である指標の設定に関して困難や課題が指摘されることも多く，誰もが十分なレベルで使いこなせているわけではない．つまり，他の評価手法と比較すると相対的に専門性や難易度が低いという意味であり，絶対的に簡易な評価手法であるわけではない．しかし，本書の対象である地方自治体に限らず，公共部門の評価制度においてはよく用いられる手法であるから，より効果的に機能させる方法を考えていくことは重要であると言える．

　第5章では，行政職員の評価への参加と評価結果の報告方法の工夫という実用重視評価の2つの要素を取り入れ，当事者意識を高めている具体例としてアメリカ合衆国の業績スタットをとりあげる．

注

1 ）　このアンケートは，評価だけのために実施されているわけではなく，総合計画の進捗管理の一環として市民意識調査などの名称で実施されている場合が多い.

2 ）　窪田［1998］では古典的プログラム評価となっている．しかし，体系的評価とプログラム評価は同じ意味で用いられており，本書ではプログラム評価ではなく体系的評価で統一しているため，古典的体系的評価としている.

3 ）　GPRA は2010年に改正され，GPRAMA（GPRA Modernization Act：GPRA 近代化法）となっている.

4 ）　このチェックリストは Patton［2008］にも掲載されているが，最新のものはウエストミシガン大学のホームページで公開されている［Patton 2013］(http://www.wmich.edu/sites/default/files/attachments/u350/2014/UFE_checklist_2013.pdf，2020年10月30日閲覧).

5 ）　第 3 版までは能動（active）―反応（reactive）―適応（adaptive）であり，第 4 版から相互作用（interactive）が加えられている.

6 ）　ただし，形成的評価と総括的評価は背反関係にあるわけではなく両立し得るものであるから，あくまでも概念的な区別であり，対立する概念ではないとも説明されている［田中 2014：97］.

7 ）　想定利用者よりも評価対象の政策との関係性が弱く，評価結果に関心は持っていても積極的に評価に関わることはないというような受動的な主体は聴衆（audience）と呼ばれ，想定利用者とは区別される［International Development Research Center 2012：2］.

8 ）　サービスの対象者などの当事者団体に調査に協力してもらったり，調査の実施を委託したりすることなども該当すると考えられる［北川 2018：159-76］.

9 ）　このような状況は行政組織では考えにくいが，国際的に事業を展開している非営利組織などではあり得る．Patton and Horton［2009］では竹や籐の保護や管理に取り組む団体や貧困層の救済に取り組む団体などが例として挙げられている.

10)　管理職は特に幅広い概念であり，名称も多様であるが，主にマネージャー（manager）と呼ばれる役職を指している．長と現場の職員の中間に位置し，管理や監督を行う権限を持っているという意味で用いられている場合が多い．また，アメリカ合衆国の行政組織における人事制度については連邦政府の公務員制度に関する研究は存在する（坂本［2006］など）．しかし，地方政府の公務員制度全体に関するものはほとんどない.

11)　この取組みは京都府立大学公共政策学部の2016年度公共政策実習Ⅰ窪田ゼミの提言に基づいている.

12)　2019年度からは，無作為抽出する人数を4000人に増やしている.

13)　第3章で紹介したハッチンソンも相手の理解度や関心に合わせた伝え方を選択する
　　必要があることを強調している［Hutchinoson 2017］．ハッチンソンは評価結果を効果
　　的に伝える手法を研究しており，特に最終的な結果をどのように報告するかという部
　　分に関心がある．また，実用重視評価だけに注目しているわけではなく，外部の専門
　　家が行う体系的評価全般を対象としている．しかし，パットンによる評価の研修を多
　　数受講するなどしており，著書の *A Short Primer on Innovative Evaluation Report-
　　ing* においてもパットンの影響を強く受けていると述べている．

14)　利害関係者とは潜在的な評価の利用者であり，評価結果に対して何らかの利害や既
　　得権益を持っている主体を指す［Patton 2008：61］．

第5章　自治体評価における業績スタットの可能性

＋ はじめに

（1）本章の概要

　本章では，業績測定を中心とする評価制度において実用重視評価の要素を活かしている事例として業績スタットをとりあげる[1]．業績スタットはアメリカ合衆国地方政府で普及しており，評価の過程への行政職員の参加とデータの示し方や評価結果の報告方法の工夫により，行政職員の評価に対する当事者意識を高めている事例である．本章では業績スタットの詳細を総合的に説明し，自治体評価における可能性を検討する．

　第1節では，業績スタットに関する先行研究を整理し，日本の先行研究には総合的な説明が少ないことを述べる．アメリカ合衆国の地方政府における業績スタットの中心的な研究者はベーン（Robert Behn）であり，業績スタットを理解するためには，ベーンの研究が不可欠である[2]．しかし，日本ではベーンの研究に基づいて業績スタットを紹介している先行研究は少ない．そのため，第2節ではベーンによる業績スタットの研究を中心にアメリカ合衆国の地方政府における業績スタットを説明する．第3節では，評価の過程への行政職員の参加と，評価の過程における議論の重視，懸念される問題や短所への対応という3つの観点から自治体評価における可能性を検討する．

（2）業績スタットとは

業績スタットは業績改善や歳出削減などにおいてアメリカ合衆国の地方警察・地方政府で高い成果をあげたことから注目され，連邦政府でも導入された．業績スタットという用語はベーンの造語であり，起源であるニューヨーク市警のコムスタット（CompStat: Computerized Statistics）に基づく取組みを全て含む最も広範なものである［Behn 2008a：2］．ベーンは行政機関の長や幹部職員と評価対象の政策に関係する全ての責任者が出席して定期的かつ頻繁に会議を開催し，データに基づいて議論し，政策の改善と目標の達成を目指すリーダーシップとマネジメントのための戦略と定義している［Behn 2008b：206-207；2014：27］．定期的に，かつ比較的短い間隔で改善策を検討する会議を実施することや，設定した目標や改善に取り組む問題の責任者が目標達成や政策の改善に向けてリーダーシップを発揮できるようにすること，データに基づいて政策の改善策などについて議論することなどが主な特徴である．アメリカ合衆国の地方政府で広く用いられており，歳出削減やサービスの質向上，政策の改善などにおける効果が注目されている．

研究においては，公共部門における業績管理や予算編成に関する文献で有効な手法の1つとしてとりあげられている場合や［Baxandall and Euchner 2007：237-260；Nathan 2008：170-72；Poister, Aristigueta and Hall 2015］，これからの政府のあり方を考える文献において注目すべき手法の1つとしてとりあげられている場合などがある［Kettle 2009：邦訳 222-223；Newsom 2013：邦訳 145-50］．日本では，業績スタットは府省の評価制度を改善するものとして注目されている［新日本有限責任監査法人 2015；総務省行政評価局 2010］．また，少数の政策を対象に業績測定を中心とする評価によって政策の改善を促進するという特徴から，地方創生で重視されている数値目標とアウトカム指標を原則とした KPI（Key Performance Indicator：重要業績指標）で検証し改善する仕組みである PDCA サイクルの確立にも参考になると考えられる［内閣府地方創生推進室 2015：6；まち・ひと・しごと創生本部 2020：15］．

┼ 1．業績スタットに対する関心

　本節では，アメリカ合衆国と日本における業績スタットに関する先行研究の
状況を説明し，これまでにどのような研究がなされており，業績スタットはど
のように捉えられてきたのかを示す．

（1）アメリカ合衆国
　アメリカ合衆国では業績スタットの研究が盛んに行われており，業績も多い．
特に，ベーンとパヌンツィオ（Sergio Panunzio）は業績スタットの歴史や特徴，
実施方法などを詳細に説明している［Behn 2014；Panunzio 2009］．ベーンが2014 [3]
年に出版した *The PerformanceStat Pottential* では，最初の取組みであるコム
スタットに基づく様々な取組みの共通点を明らかにして業績スタットとして定
義し，その重要性と機能を理論的に説明しており，業績スタットについて最も
体系的かつ包括的にまとめられている．また，パヌンツィオが2009年に出版し
た *Performance Measurement System for the Public Works Manager* では，
公共部門において業績スタットを活用して業績測定の制度を構築するためにど
うすればよいかについて実務家を対象に具体的かつ簡潔に説明されている．論
文は警察に関するものと警察以外の行政分野に関するものがあり，主に，事例
の紹介を中心として業績スタットがどのようなものかを説明しているもの，効
果的に実施するための条件や必要な要素を挙げているものに分けられる．連邦
政府の取組みについては GAO（General Accountability Office：米国会計検査院）の
報告書が中心であり，その他にはシンクタンクの報告書がある（Hatry and
Davies［2011］，Metzenbaum［2009］など）．

（2）日　　本
　日本では2000年代初頭に主に警察の分野で注目されていたが［警視庁 2002，

酒井 2005，島田 2003]，その後は特にとりあげられていない．しかし，2010年には神奈川県警が神奈川版コムスタット，2016年には京都府警が予測型犯罪防止システムを導入するなどの事例も見られる［京都府 2018：8：産経新聞 2016.11.3：セキュリティ産業新聞］．

　警察以外の行政の分野では，アメリカ合衆国連邦政府において2010年にGPRAMA（GPRA Modernization Act：政府業績成果現代化法）が制定され，行政機関に業績スタットの一種であるデータ主導型業績レビュー（Data-Driven Performance Review）の実施が義務付けられて以降，注目が高まっている［新日本有限責任監査法人 2015：212-213：総務省行政評価局 2010：22-36：総務省行政評価局 2013：80-83：田中 2014：166-167：301-307：南島 2016］．これらの先行研究では，主に府省の政策評価制度の改善を考える上で参考になるものとして注目されている．内容としては，ボルティモア市やメリーランド州，ワシントン州という著名な事例におけるある1回の会議の流れを紹介するというものがほとんどである．具体的には，業績スタットは，評価結果に基づく課題の改善や業績情報の利用を促進するもの［新日本有限責任監査法人 2015：南島 2016］，業績情報の利用による問題改善の促進を通じて評価の実効性を高めるもの［総務省行政評価局 2010］，目標・指標の設定方法と評価情報の利用等の質をさらに向上させるためのもの［総務省行政評価局 2013］，代表的な評価制度の類型の1つ［田中 2014：301-307］として捉えられている．このように，日本における業績スタットの先行研究では，有名な事例のポイントは整理されているが，業績スタットがどのようなものかという総合的な説明は少ない．そのため，業績スタットは実施主体によって名称が様々だが，名称が異なる場合でも同じものなのかどうか，また，そこで挙げられているポイントはその事例に特有のものなのか一般的なものなのかなどは明らかではない．さらに，業績スタットは評価制度の改善策の1つとして注目されているが，どのように関係しており，どのように役立つのかということも明確には述べられていない．しかし，業績スタットのどのような点が評価制度にどのように役立つのかを考える上では，業績スタットのプラ

ス面だけでなくマイナス面も含めて全体像を理解することが必要であると考えられる.

╋2．アメリカ合衆国の地方政府における業績スタット

　本節では，アメリカ合衆国の地方政府における業績スタットの詳細を説明する．歴史と展開，実施する上で重要な点，効果，注意すべき点という4つの観点から説明する．実施する上で重要な点や注意すべき点，今後の展望については日本の先行研究では不足している点であるため，これらも含めて説明することで業績スタットの正確な理解につなげたい.

（1）業績スタットの歴史と展開
　業績スタットの起源はニューヨーク市警が実施したコムスタットである．コムスタットは，ブラットン（William Bratton）がニューヨーク市警本部長を務めていた1994年に確立され，副本部長を務めていたメイプル（Jack Maple）が推進した［Serpas 2004：2］．その後，ニューヨーク市の犯罪発生率が大幅に低下したという顕著な効果が注目され，アメリカ以外の諸外国も含めて各地の警察に普及していった．警察以外の行政分野では2000年にボルティモア市，2005年にワシントン州が導入して成果をあげたことをきっかけとして地方政府と州政府にも普及した．また，2010年には地方政府での成果に注目したアメリカ合衆国連邦政府もGPRAMAで各行政機関に実施を義務付けた．このような勢いのある普及の過程は業績スタットの大流行（CompStat Craze）や業績スタットに対する熱狂（Stat Fever）とも言われている［Behn 2014：2-4；10-11］．業績スタットが注目され始めた初期に導入した地方政府は高い犯罪発生率，常習的欠勤とそれによる業務の停滞，財政赤字などできるだけ早期に改善する必要がある問題を抱えている場合が多いという傾向があった．また，急速に関心が高まって流行のように導入が進んでいった背景には，比較的短期間で改善の効果が

現れるというわかりやすさもあったとされている［Behn 2014：37-38；Redburn,
Shea, Buss and Quintanilla 2008：3-4；Serpas 2004：8；24-25］.

　普及状況については，アメリカ合衆国における研究でも詳細に調査したもの
はなく，特に日本の先行研究ではボルティモア市などの有名な事例のみが紹介
されることが多い．普及状況に関する研究が少ない理由としては，アメリカ合
衆国の地方政府は数が多いため悉皆調査は困難であること，実施していても情
報が十分に公表されていない場合もあること，首長の交代などにより数年で廃
止される場合もあり，状況が変化しやすいこと，また，廃止されると公表され
ていた情報が得られなくなる場合もあることなどが考えられる．しかし，業績
スタットの全体像を理解する上では普及状況についても知っておくべきである
から，先行研究から把握できる範囲で整理すると以下のように説明できる
［Behn 2014：2-9；Citizens Planning ＆ Housing Association 2016：2-3；Poister, Aristi-
guetaet and Hall 2015：378］．アメリカ合衆国国内では市レベルの警察，警察以
外の行政分野では市・州・郡などの地方政府全体，地方政府内の部局，連邦政
府の省庁や部局で実施されている．市レベルの地方政府が中心だが，その中で
も最近では，AgencyStat や JurisdictionStat という部局単位のものが増加し
てきており，より小規模な単位で実施されるようになってきているとされてい
る［Behn 2014：4-6］．このような展開と普及状況を実施主体別にまとめ，現在
の実施状況を示したものが図5‐1である．

　また，業績スタットはアメリカ合衆国以外の国でも実施されている［Poister,
Aristiguetaet and Hall 2015：378］．オーストラリアでは州の警察で普及している．
カナダでは市の警察，警察以外の行政分野ではブリティッシュコロンビア州プ
リンスジョージがカウンティスタット（CountyStat）を実施している．イギリ
スではロンドンの自治区の1つであるバーネットがファーストスタット（First-
Stat），スコットランドがシティスタット（CitiStat）を実施している．オランダ
ではロッテルダムがマススタット（MassStat）を実施している．

　また，取組みの内容や成果によって1.0から3.0までの3段階に分類する考え

警察で普及
1994年
ニューヨーク市警察：CompStat

成果が注目され，導入が進む

警察以外の行政分野

市レベルで普及
2000年
ボルティモア市：CitiStat

州レベルで普及
2005年
ワシントン州：GMAP

連邦政府
2010年
GPRAMAで各省庁に義務付ける
Data-Driven Performance Review

最近の傾向，今後の方向性
①PerformanceStat 1.0から3.0へ
　生産性の向上→アウトカムの創出
②小規模な単位での実施が増加
　部局（agency）や管轄区（jurisdiction）など
③会議への参加者の多様性を高める

図5-1　業績スタットの普及過程
出典：Behn［2014：4-5；2014：293-294］，Citizens Planning & Housing Association［2016：9-10］より筆者作成．

方もあり，数字が大きくなるにつれてより高度化していくことを表している［Behn 2014：293-294］．1.0は仕事の効率性を高めることを目指す段階であり，2.0は政策の手法や実施過程を見直し，より効果的に政策の目的を実現することを目指す段階である．3.0はアウトカムの創出を目指す段階であり，1.0に留まらず3.0を目指していくべきであるとされている．また，3.0を目指すとともに，行政職員だけでなく多様な人々とともに測定した業績に基づいて議論することで透明性とアカウンタビリティを向上させ，行政と市民の間にフィードバックの仕組みを構築することも期待されている［Citizens Planning & Housing Association 2016：9-10］．

（2）業績スタットの効果

業績スタットの効果に関する研究はアメリカ合衆国でも少ない．効果について言及される場合は，ほとんどが財政面に関することであり，特に導入初期の

表5-1　業績スタットの導入初年度に削減した金額とその内訳の例

	項　目	削減額（ドル）
ボルティモア市 （2000年度）	常習的欠勤の減少	1,232,211
	プログラムの直接的な実施の削減	1,025,000
	時間外勤務の削減	6,000,000
	実施コストの削減	1,310,664
	歳入の増加	3,647,535
	合　計	13,215,410
シラキュース市 （2001年度）	州と連邦政府の補助金	2,300,000
	時間外勤務の削減	1,000,000
	労働者災害補償の削減	176,000
	職員数を増やさない	515,302
	公用車を新しくしない	500,000
	国税庁からの罰金の減少	100,000
	滞納されている水道料金の徴収	320,000
	より効率的な駐車場の管理	958,984
	遊休資本の勘定	400,000
	合　計	6,270,286

出典：Bens［2005：78-79］より筆者作成.

歳出削減効果が注目されている．以下では，財政面における効果と，政策の改善による問題の解決，業績測定や業績測定によって得られるデータに対する関心の高まり，という3つの観点から説明する．

　第1は財政面における効果であり，歳出削減額で表されることが多い［Bens 2005：78-79］．ただし，効果に関する研究は少なく，特に導入初期の効果が注目されることが多い．内訳も含めて削減額が示されているボルティモア市は1321万5410ドル，シラキュース市は627万286ドルを導入1年目に削減したとされている．ただし，その内訳を見ると表5-1のように主に無駄の削減によるものであり，低い業績を改善した結果ではないという点に注意が必要だという指摘もある［Bens 2005：79］．また，ここで実現された歳出削減は予算要求にお

けるヒアリングでも実現可能である．そのため，業績スタットの導入によって
変化した点として注目すべきなのは，政策の現状を確認して改善するための会
議を頻繁に実施するようになったことと，改善策が確実に実行されるようにな
ったことであるとも指摘されている〔Bens 2005：79〕．

　第 2 は，政策の改善による問題の解決である．業績スタットの会議は戦略的
な思考力を発展させ，効果的な問題解決のための論拠を得ることに役立つとさ
れている〔Thornburgh, Kingsley and Rando 2010：4〕．例えばワシントン D. C. で
は，都市に中古車ディーラーが販売のために車を展示する駐車場が大量に存在
することが問題となっていた．そのため，業績スタットの評価対象とし，これ
らの車売り場で何が行われているのかを順番に明らかにしていった．その結果
採用された解決策は，警察官による厳重な取締りを行い，売り場ではなく倉庫
のようになっているとわかった駐車場を一掃するなどの方法で対処することと
なった．

　また，行政の異なる部門や機関との協力を妨げる縄張り意識を軽減させ，組
織間における共同作業を促進する機会としても会議は有効であるとされている
〔Citizens Planning & Housing Association 2016：3；Thornburgh, Kingsley, and Rando
2010：4〕．例えばサマヴィル市では交通や駐車に関する部署（Department of
Traffic and Parking）が警察とともに実施している会議で車輪固定器具を付ける
べき駐車違反車が累積していることを示すリストを提示した結果，警察はその
リストとレーダーシステムを活用して常習的な交通違反者のナンバープレート
を特定することができた．駐車違反車のリストとレーダーシステムの間に連携
はなかったが，一緒に会議を実施することで常習的な違反者を特定して効率的
に取り締まることができるようになった．その他，シラキュース市では特に仕
事の進め方や実施方法が改善されたことで，有効性や費用対効果が高まったと
されており，その具体例は表 5 - 2 のとおりである〔Driscoll 2009：28-29〕．

　第 3 に，公共部門では1930年代から業績測定を用いた評価や行財政改革など
の取組みが実施されてきたが，公共部門の有効な管理ツールとして業績測定に

表5-2　シラキュース市における業績スタットの効果

問題の状況	解決策・どのように改善したか
不在地主や，土地の管理に関する規則違反が増加している．	不在地主を追跡し，より先を見越して規則違反に対処することで，多くの家や住人を保護することができ，目標の70%を達成した．
駐車違反者が多く，車輪固定器具を付ける作業が追い付かない．	最初の年に追加的に80万ドル以上を投入して取り組んだ結果，駐車違反が減少し，駐車券からの収入が増加した．
ゴミ収集のルートが30年間見直されておらず，30年前とは状況が変化しているため，非効率が生じている．	効率的な収集ルートに関する研究を行った．この研究は収集に必要な時間と燃料を減らし，作業車両の損傷を軽減することに役立ち，税金の節約につながることが期待できる．
開発を進める上で事業者は様々な問題に直面するが，対処に時間がかかる．	市の各部署の代表者と事業者が新しいプロジェクトを開始する前に会議を行う．この方法によって，市は開発事業者とともに計画を見直すことができ，プロジェクトを進める上で対処すべき問題や必要な手続きについて事業者に事前に伝えることができる．また，事業者ごとに担当者を任命することで問題や疑問が生じた場合に事業者を適切な部署に誘導することができるようになった．
計画などの承認に時間がかかり，承認の進捗状況も確認できない．	ハードコピーの計画をデジタル方式でスキャンし，関連する全ての部署にメールで送ることができるようにした．庁内のメールを使うことで，かかる時間を削減した．また，プロセスが電子化されたため，職員はプロジェクトを誰が承認しており，誰が承認していないかという進捗状況を確認できるようになった．
イベントを実施すると，警備や電気技術者，公園の清掃，ゴミ収集などに費用がかかる．特にイベントが多い季節は多額の費用がかかる．	入場料を徴収する仕組みを作った．
中心街の交差点は混雑しているが，道路標識がなく，観光客や中心街に慣れていない人にとっては不便である．	道路標識を設置することでわかりやすくなり，環境汚染と渋滞の緩和にもつながった．
入札の実施回数の制限が長年見直されておらず，効率的な業務の遂行を妨げている．	制限を緩和し，小規模なプロジェクトや少額の調達の場合には手続きを簡略化することで，各部署により大きな裁量を認めた．
公用車を新しくしないことで歳出を削減することはできるが，いずれ更新は必要になるため，適切に管理できるようにする必要がある．	ソフトウェアを導入し，古い車両を修理して使い続けることと，新しいものに買い替えることの費用と便益を適切に評価できるようにした．

出典：Driscoll［2009：28-29］より筆者作成．

対する関心がより高まったことも効果の 1 つとして挙げられている．業績測定への関心が高まった結果，市長が市政の運営により関与するようになった，市民が政府の政策に関する情報をより頻繁に入手できるようになった，公共部門における業務の有効性をチェックして改善することの必要性に職員が気付いた，政府の政策に関する様々な要素を測定する能力が向上したなどの効果があったとされている [Bens 2005：79]．また，連邦政府と州，市のそれぞれが業績を測定，整理し，共有することで適切に管理できるようになり，異なるレベルの行政間で協力して政策の改善に取り組めるようになったとされている [Henderson 2003：28]．

　またデータの収集に加えて，収集したデータの整理方法の 1 つであるマッピングが定着し，それが業績スタットにも役立ったとされている [Henderson 2003：29]．例えば，湿地や塩分が含まれる水がある場所，売春や薬物の売買が行われている場所などに関する地理的な情報が蓄積されるとともに利用が促進され，それに基づいて有効な対策を考え，その対策の有効性を評価することが可能になった．その結果，季節や月，年度を越えて行政の取組みの進捗状況をモニタリングできるようになるとともに，結果が視覚化されたという効果も見られた．

（3）業績スタットを実施する上での重要な点

　業績スタットを最初に導入した警察では，4 つの原則がまとめられている．4 つの原則とはニューヨーク市警で提唱されたものであり，それは，① タイムリーで正確なデータや情報を収集する，② 状況に応じて資源を迅速に配分する，③ 効果的な改善策を考える，④ 厳格なフォローアップを実施するというものである．警察では，これらの 4 原則は非常に有名であり，どの警察の取組みであってもこれらの原則に忠実だが，警察以外の行政分野では，この 4 原則が同じように定着しているわけではないとされている [Behn 2014：1-3；14-16]．そのため，先行研究において特徴として挙げられていることは，基本的

には4原則に関連するものだが文言や数は様々であり，業績スタット全般に見られるのか，ある事例に固有なのかが明確ではないものも多数挙げられている[4]．

　ベーンは多数の事例を検討した結果，定義に沿っていないものが多いことに気付き，① 目的が不明確であること，② 設定した目標や改善に取り組む問題の責任者が特定されておらずリーダーシップが欠如していること，③ 会議が不規則に開催されること[5]，④ 会議を運営する権限を与えられている職員がいないこと，⑤ データの分析に専念する職員がいないこと，⑥ フォローアップがないこと，⑦ 会議やフォローアップにおいて厳しさと寛容さのバランスがとれていないことという7個の問題点を指摘している［Behn 2008a］．これらの問題点は業績スタットとして備えているべき重要な点に関わるものである．よって，以下ではその問題点の逆を業績スタットの重要な特徴として捉えるとともに，ボルティモア市の事例を示しつつ地方政府における業績スタットの特徴を説明する．ボルティモア市を例として用いるのは，警察以外の行政分野で最初に導入して成果をあげた例であり，多くの都市はボルティモア市へ視察に行って参考にしているからである．

　第1に，業績スタットを導入する目的を明確化することである．ボルティモア市が業績スタットを導入した目的は仕事の効率化と財政赤字の改善である．その背景には，常習的欠勤者が多く，一部の職員に仕事が集中するためサービスの提供に時間がかかることや多額の時間外勤務手当が財政を圧迫する要因の1つとなっていたことがある［Behn 2007：8-9；Perez and Rushing 2007：1］．

　第2に，設定した目標や改善に取り組む政策の責任者が明確化されており，責任者がリーダーシップを発揮できることである．ボルティモア市では部署や目標ごとに責任者が指名されている．その責任者が会議の場で幹部職員などの管理職からの質問に回答し，改善策の提案と実行の責任者となる［Perez and Rushing 2007：3］．

　第3に，定期的かつ短い間隔で会議が開催されることである．ボルティモア市では2週間に1回の頻度で開催される［Perez and Rushing 2007：3］．ただし，

取組みの効果が出るまでに時間がかかる場合や，顕著な効果は出ていなくても進捗状況は順調であると考えられる場合などは会議の間隔を長くすることもある．つまり，単純に頻繁に実施すればよい，あるいは全ての政策について同じ間隔で会議を実施しなければならないというわけではない．状況に応じて次の会議までの間隔を調整することが可能であり，むしろそのような柔軟な対応が推奨されている．

　第 4 に，事務局として会議を運営する役割を担う者が指名されていることである．ボルティモア市では市長部局の幹部職員が会議を運営し，各部署の職員に対して質問する役割を担っており，市長や副市長が議長を務めることもある［Perez and Rushing 2007：3］．また，会議全体の責任者は市長である．

　第 2 から第 4 の特徴は会議に関するものであり，業績スタットではこの会議が重視されている．実際に集まって会議を実施するのではなく書面のやりとりで済ませることも可能であり，導入後しばらく経過すると書面のやりとりで済ませている場合もある．しかし，業績スタットでは書面ではなく対面で会議を実施することが重視されている．それは，取り組むべき問題や目標の担当課の職員と幹部職員などの管理職が実際に集まって進捗状況がよくない理由やそれへの対応策について議論することで改善策の提案やその実行につながりやすいからである．図 5 - 2 は業績スタットにおける会議を実施する際の部屋のレイアウトを図にしたものである．細部は事例によって異なるが，施策・事業の担当課の職員と幹部職員などの管理職が向かい合うレイアウトになっていることと，スクリーンやモニターが設置されており，説明の際にはそこにグラフや地図を映すという点はどの事例においても共通しており，業績スタットにおいて重視されている点の 1 つである．これらの特徴は連邦政府のデータ主導型業績レビューにおいても引き継がれている［GAO 2013：13］．ボルティモア市はシティスタット専用の部屋を作ったことで有名だが，専用の部屋を新たに作る場合は珍しい．また，専用の部屋ではなくても，ボルティモア市と同様に演壇を設けるスタイルを採用している場合はあり，机の配置はロの字型以外にもコの字

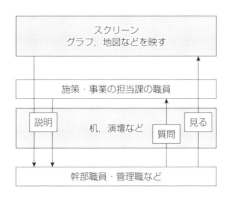

図 5-2 業績スタットにおける会議のレイアウト

注1：実線は必ずあるもの，点線はない場合もあるものであることを意味している.
注2：レイアウトの細部は組織によって異なる.
出典：GAO［2013：13］, Hatry and Davies［2011：28］, Perez and Rushing［2007：1］より筆者作成.

型なども見られる．一般的に会議は，前回の会議を振り返る，担当課から現状を説明して管理職と質疑応答を行う，実績値が特に高いまたは低い地域や指標について議論する，改善策等についてブレーンストーミングを行う，会議で明らかにしたことと取り組むべきことを確認するという流れで進められる［Hatry and Davies 2011：24］．また，1回の会議の時間は2時間程度である［Hatry and Davies 2011：24］．

　第5に，データの分析に専念する職員がいることである．ボルティモア市ではシティスタットに関する業務に専念する部署が存在し，そこの職員がデータの分析を担当している［Perez and Rushing 2007：3］．事務局は各部署の幅広い政策に関する業績を評価し，傾向を明らかにしようとする．また，図5-2のように，会議の場では大きなスクリーンに映された図表や地図などを用いてデータをわかりやすくかつ効果的に示すよう工夫する．

　第6に，フォローアップを制度化し，組織的に実施することである．ボルテ

ィモア市では 2 週間後に実施される次の会議で確実にフォローアップを行い，改善策が実行され，順調に進捗しているかどうかを確認する［Perez and Rushing 2007：3］．

　第 7 に，会議やフォローアップにおいては，厳しさと寛容さのバランスがとれた対応をとることが重要である．つまり，問題点や改善すべき点の指摘は重要だが，指摘するだけで終わる，指摘に重点が置かれすぎる，指摘が厳しすぎるといったことがないようにすることが重要である．それに加えて，目標達成に向けて順調に進捗している政策や特に高い成果をあげている政策についてもとりあげて褒めることも重要である．ボルティモア市では，データに基づいて業績不振の原因や改善策を厳しく追及する一方で，改善策の検討に力を入れ，より高い成果をあげるためのモチベーション向上も支援している［Behn 2007：8-9］．また，市長が重視している政策の部署には達成すべき具体的な目標を指示するが，枠組みだけを示す場合や自由に目標を設定させる場合もある［Behn 2007：8-9］．

　ベーンが挙げている 7 つの問題を回避したり防止したりすることは業績スタットを効果的に運用していくために必要であり，重要なことである．しかしそれだけでなく，業績スタットを組織に定着させることによって問題の改善に責任を負っていることを行政職員が明確に認識できるようになることがより本質的な部分で重要な点であるとされている［Behn 2008b：216］．それによって改善に向けた取組みが促進され，業績に基づくマネジメントによって政策を改善し，アカウンタビリティを果たすことができるとされている［Behn 2008b：210］．

（4）業績スタットを実施する上で注意すべき点

　業績スタットは成果の高さなどメリットや優れた点が強調されることが多いが，注意すべき点を軽視しすぎているという指摘もある［Henry 2006：125-126］．以下では，① 他の事例の単純な模倣は失敗する可能性が高いこと，② 議論とフォローアップの重視という特徴がマイナスに作用する場合があること，③

財政面の成果が過度に注目される傾向があること，④ 警察に比べて警察以外の行政分野には固有の難しさがあることの4点から業績スタットの注意すべき点を説明する．

第1は，他の事例の単純な模倣は失敗する可能性が高いことである ［Behn 2008b：207］．行政機関の長などが，自分が視察した業績スタットの制度や最も目立つ特徴をそのままの形で導入したり有名な事例を模倣したりすることは珍しくない．しかし，その組織にとっての必要性や組織が置かれている状況，組織の文化などを考慮する必要がある．

第2は，議論とフォローアップの重視という特徴がマイナスに作用する場合があることである ［Bens 2005：80］．会議の場での議論やその後のフォローアップを重視して厳格に実施することは目標の達成や政策の改善に資するものであり，重要なものとして位置付けられている．しかし，逆にそれらが職員に恐怖を与えており，その恐怖が改善などの推進力になっている場合，最初はうまくいっても職員が徐々に抵抗し始める．そのため，業績スタットを継続することが難しくなったり形骸化してしまったりする．また，有効性や効率性をより高める方法を提案しなければならないというプレッシャーが過剰になると適切な評価やベストプラクティスの調査などを妨げる場合もある．

第3は，財政的な面の効果が過度に注目される傾向があることである ［Bens 2005：80］．歳出削減は業績スタットの成果の1つであり，大規模な歳出削減を実現した例もある．しかし，政策の質の改善や職員の満足度の向上など他にも注目すべき点は多い．また，財政的な問題から歳出削減の必要性が高い場合は多いが，歳出を削減すれば政策が質的に改善されるわけではない．さらに，最初に多額のコスト削減を実現しても，その多くは将来的に追加的なコストとして戻ってくる可能性があるため，長期的な費用便益分析も考慮する必要があるという指摘もある．

第4は，業績スタットは警察から始まったものだが，警察以外の行政分野には警察にはない固有の難しさがあることである ［Behn 2014：31-34］．警察には

犯罪を減少させるという明確でシンプルな目的があるため，目標の設定も比較
的容易である．また，警察では業績スタットを導入しているかどうかに関わら
ず日々収集されているデータや，それらの過去のデータなど基礎的なデータを
豊富に持っており，利用可能な状態にある．また，これらのデータは比較的短
期間で変化が現れるものが多いため，早期にフィードバックを得ることができ
る．また，マッピングなどの比較的簡易な分析ツールによって業績や取組みの
進捗状況がよくない部分を明らかにできる．さらに，組織の文化という点でも
異なる．例えば，警察では点呼を実施している．点呼は組織全体にメッセージ
を伝える方法の1つであり，業績スタットの定着に貢献しているとされている．
また，警察の長は全員が受持地域の巡査としてスタートしており，第一線職員
の考えることや行動，組織の文化をよく理解している．そのため，会議の場で
部下がごまかしたり隠蔽したりしているのを見抜くことができるとされている．
　このように，業績スタットには注目すべき点も多いが，注意すべき点もある．
手法としては有効なものであっても，どのように制度化し，運用するかによっ
てもたらされる成果にも違いが生じるということである．どのような評価手法
にもそれぞれ長所と短所があるため，他の評価手法についても同様のことが指
摘できる．しかし，業績測定を中心とする評価制度は比較的簡易なものである
ことから導入する組織も多い．また，このような注目度の高い評価手法につい
ては導入を検討する組織も多いと考えられることから，長所だけでなく短所や
注意すべき点についても理解しておくことの重要性は高いと言える．

✛ 3．自治体評価における業績スタットの可能性

　第1節と第2節で述べたように，業績スタットへの関心は高く，アメリカ合
衆国地方政府では急速に普及していった．日本でも，予算編成や組織管理への
評価結果の利用によって政策評価の実効性を高めるもの，政策実施過程におけ
る評価結果の利用を促進する方法の1つとして注目されている［総務省行政評価

局 2010：22-29；高崎 2017：14-20]．このように，国も地方自治体も業績スタットに関心を持っているが，実際に導入しているとされているのは地方自治体であり，さいたま市のさいたまシティスタット，さいたま市岩槻区のいわつきスタット，東京都豊島区のシティスタット，富山県氷見市の HimiStat がその例である．このように，関心は高いが普及はそれほど進んでいないというのが現状である．しかし，業績スタットは業績測定による評価を用いた政策の改善を効果的に実施するための工夫がなされたものであることから，自治体評価にとっても有効なものであると考えられる．

　業績スタットのポイントとされていることは多数存在する．しかし，行政機関の長や幹部職員と評価対象の政策に関係する全ての責任者が出席して定期的かつ頻繁に会議を開催し，データに基づいて議論し，政策の改善と目標の達成を目指すという定義からも，施策・事業の担当課の職員と幹部職員などの上位の職員の両方の参加と評価の過程における議論は特に重視されている点であると考えられる．本節では自治体評価における業績スタットの可能性について，評価の過程への行政職員の参加と評価の過程における議論の重視という２つの観点から検討する．また，前節で述べた業績スタットを実施する上での注意すべき点や懸念される問題点にどのように対応できるかを検討する．

（１）評価の過程への行政職員の参加

　業績スタットでは，施策・事業の担当課の職員と組織のトップや部長・局長などの幹部職員の両方が会議に参加し，政策の質的改善に向けて議論を行うことが重要な点の１つである．施策・事業の担当課の職員が実施している政策の評価に関わることは一般的だが，幹部職員も含めて両方が参加することが重視されている．幹部職員は会議に出席し，進捗状況のチェックや，その評価を踏まえた改善策の検討や改善策の実施状況のフォローアップに積極的に参加することが求められている．

　自治体評価についても長や幹部職員が関わることの重要性は指摘されている．

評価制度の導入時には長が強く支持していることを表明することが重要であり，成功事例では長の強い支持があった場合が多いとされている［田中 2014：256-58］．また，導入時に限らず長が評価について正確に理解して意欲を示し続け，それに沿って幹部職員が動くことが評価制度の効果的な運用においては重要であるとされている［古川 2008：146-147］．本格的に実施する段階では長や幹部職員が率先して評価結果を利用することの重要性が指摘されている．このことは，評価に真剣に取り組むことの必要性や重要性を職員に認識させ，評価制度の形骸化を防止することにつながるとされている［田中 2014：297-298］．逆に，長の無理解や誤解，過剰な期待，幹部職員の抵抗などは自治体評価がうまくいかない原因の1つとされている［古川 2008：146-147］．

　また業績スタットでは，施策・事業の担当課の職員について，目標や部署ごとに指名された責任者が評価と改善策の実施過程に積極的に関わり，リーダーシップを発揮できるようにすることが重視されている．例えばオバマ政権時の連邦政府では，ゴールリーダー（goal leader）という名称の責任者が各目標に任命されており，明示されていた．この責任者に求められる役割の中でも重視されているのは，改善策の議論やその実行に積極的に関わり，リーダーシップを発揮することである［Behn 2008b：208；Behn 2014：18：28-29；Perez and Rushing 2007：2］．つまり，データの収集や評価結果の提示だけで自動的にそれらが利用されるわけではないため，責任者を明確化して評価結果の利用とそれによる政策の改善に取り組ませることが重視されている．また，このような形でリーダーシップを発揮させることによって政策が改善され，アカウンタビリティが果たされるという点も強調されている［Behn 2008b：16；Behn 2014：19；Serpas 2004］．

　自治体評価において施策・事業の担当課の職員のリーダーシップがとりあげられることはほとんどない．しかし，評価表にその政策の担当者名と連絡先が記載されていることは一般的であり，リーダーシップまでは言及されないが，担当者の明確化は実施されている．

　現在の自治体評価において，業績スタットのように自己評価に長や幹部職員が積極的に関わっている例は珍しい．しかし，その必要性や重要性については先行研究でも指摘されている．また外部評価では，業績スタットのように積極的に参加することはないが長や幹部職員が出席している例もある．このように，自治体評価と同じ業績測定を中心とする評価制度である業績スタットにおいても効果的に実施する上で重要な点の1つとされていることから，組織の構造や環境が異なるため具体的にどのように制度化するかについては多様な選択肢があるが，取り入れることは可能であると考えられる．

（2）評価の過程における議論の重視

　業績スタットでは，会議の場と会議のための準備段階において議論を行うことが重視されている．会議の場では担当部署の職員の説明を踏まえて幹部職員が質問を行い，目標達成に向けて順調に進捗していない政策についてその原因や改善策をその場で検討する．また，前回の会議における議論を踏まえたフォローアップが必ず行われ，その場においても，順調に進んでいるか，進んでいない場合にはその理由や改善策が議論される．さらに，業績スタットを導入すると，会議の準備段階においても，担当部署の職員同士で評価結果や業績情報を用いて議論を行うようになるとされている．これは，会議が1回きりではなく複数回行われることやフォローアップが重視されているためであると考えられる．このように，評価や改善策の実施過程において議論を中心的な要素として位置付けることで，評価から得た情報を利用し，政策の改善に取り組むことを促進していると言える．また，この議論の過程においてデータや評価結果の示し方を工夫することも重視されている．工夫することによって前向きに受け止めることやデータや評価結果が意味することの理解を促進することにつながり，評価結果の利用にもつながる．

　自治体評価についても，評価の過程における議論に言及している先行研究はある．自己評価については創造的政策評価（Creative Policy Evaluation：CPE）が

挙げられる．創造型政策評価とは，地方自治体の職員が創造性を発揮して地域
の課題を解決するための政策の開発と創造を伴う評価であり，事務事業評価と
比較すると以下のような特徴がある［佐藤 2008：66-70］．主な目的は問題の解
決とそれによる政策の質の向上であり，データを積極的に活用して事業担当部
署の主導で議論を中心とした意思疎通を行う．創造型政策評価は，現在実施さ
れている評価には，評価表の作成が目的化している，評価表が事務局からの照
会文書として認識されているなどの課題があることを背景として提案された評
価手法である．そのため，評価の過程における議論のノウハウや展開方策を示
すことで，職員間での政策に関する議論の必要性に対する認識を改め，評価結
果を利用してよりよい政策が形成されることを目指している．また，創造型政
策評価の場合，評価対象は事務事業評価よりも少なくなるが，重点的に深い評
価を行なうことができる．評価のタイミングや頻度については，必要に応じて
適宜実施するという形をとる．

　外部評価については聞取り型の評価手法を中心にした評価制度が挙げられる
［窪田 2014：18-24］．聞取り型の評価手法を中心にした評価制度とは自治体評価
の最近の変化として挙げられているものの1つであり，指標と目標値を必須と
はせず，外部評価委員による職員の間でのやりとりから施策や事業のロジック
モデルを把握し，それに基づく業務とそのアウトプットを明らかにし，そこか
ら有効性等の成果を推定するものである［窪田 2014：24］．窪田［2014］は京都
府京丹後市の行政評価における外部評価を事例として挙げている．京丹後市で
は，1つの施策に対して外部評価を2回実施しており，1回目と2回目の間に，
行政評価委員会がまとめた外部評価結果案に対して担当部署が補足説明・意見
書を作成して提出し，それを用いて2回目を行っている［窪田 2014：22］．この
外部評価委員会では担当の行政職員と外部評価委員会の間では活発なやりとり
が行われており，これが議論にあたると言える[7]．また，1つの施策に対して外
部評価を2回行うことによってフォローアップの役割も果たしていると考えら
れる．

　また自治体評価の外部評価には，政策の改善に役立つ意見やアイディアなどの情報収集に重点を置いている事例もある［窪田 2018a；窪田・池田 2019］．このような外部評価では行政職員と評価者の間のやりとりを対立的なものではなく対話にすることが重視されており，評価者から情報を引き出すためにファシリテーションを活用している場合もある．

　業績スタットとは異なり，創造型政策評価は施策・事業の担当課の職員のみでの議論であり，聞取り型の評価手法は外部評価に関するものである．しかし，自治体評価においても，評価結果の利用による政策の質的改善を促進するためには議論が重要な要素の１つとして位置付けられていると言える．そのため，業績スタットのように両者が参加する議論も適用可能性はあると考えられる．また，池田［2018c］でも述べられているように，自治体評価では外部評価に業績スタットとの共通点が多く見られる．また，自治体評価における外部評価は外部の専門家に委託するものではなく行政職員が関わる部分も多いものであることから，外部評価の有効性を高めるために業績スタットの要素を取り入れることも考えられる．

（3）懸念される問題や短所への対応

　前節では，業績スタットを実施する上で注意すべき点として ① 他の事例の単純な模倣は失敗する可能性が高いこと，② 議論とフォローアップの重視という特徴がマイナスに作用する場合があること，③ 財政面の成果に過度に注目する傾向があること，④ 警察に比べて警察以外の行政分野には固有の難しさがあることの４点を挙げた．ここでは特に②の議論とフォローアップの重視がもたらすマイナスの作用をとりあげ，どのような対応が考えられるかを検討する．議論とフォローアップの重視は業績スタットの重要な特徴の１つであり，それがマイナスの作用をもたらしてしまうと業績スタット自体が適切に機能しなくなるため，重要な点であると言える．

　議論の重視や厳格なフォローアップが逆に行政職員の負担感や抵抗感をもた

らすことや，厳しすぎるものになってしまうことでマイナスに作用することについては，構想日本の事業仕分けにおいて指摘されている課題と類似している．事業仕分けでは，評価対象の事業の必要性と実施主体の妥当性の観点から評価を行い，継続や廃止などの明確な形で結論を出す．事業仕分けは従来の評価制度の課題を解決し，政策の改善を促進することを目指して開発されたものであり，意図されたとおりに機能すれば問題は生じないはずである．しかし，仕分け人と事業の担当者の対話が対立的になりやすく，それが行政職員に負担感や不満を生じさせることが課題の1つとされている［窪田 2014：19］．また，問題点を指摘して存廃を決めることばかりに重点が置かれ，見直す場合の具体策や廃止に向けた具体的な進め方など政策についての議論が行われにくいという課題もある［木下 2018：246-49，窪田 2014：19-20］．業績スタットでは，このような状態になると問題点を指摘されることへの恐怖や，改善策を提案しなければならないことから生じるプレッシャーが過剰になると，職員の抵抗や制度の形骸化などの問題が生じるとされている．

　では，このような問題にどのように対応すればよいのだろうか．ここで具体例としてとりあげた事業仕分けの場合，先述したような課題から現在ではオリジナルの形態のものは珍しく，数回実施したがその後は実施していないという場合も多い．しかし，各地方自治体に合わせて改良したり，事業仕分けに基づくオリジナルの取組みに発展させている例も見られる．具体的には，問題点の追求ではなく評価者と行政職員の対話になるようにする，評価者の多様性を高める，最終的な評価結果の選択肢を増やしたり緩やかな表現にしたりする，評価の場における行政職員の役割を減らすなどの方法がとられている[8]．また，事業仕分け以外の外部評価においても，政策の改善に役立つ情報やアイディアを評価者から引き出すことを重視してファシリテーションを導入している事例も見られる［窪田 2018a：窪田・池田 2019：210-13］．ファシリテーションは，ワークショップや会議などの集団の活動がより効果的なものになるよう舵取りを行い，それによって問題解決や新たな提案，効果的な学習などを実現するための

ツールである．自治体評価の外部評価にファシリテーションを導入している事例は少ないが，対立的な関係を避け，政策の改善に役立つ情報やアイディアを収集する方法としては有効であると考えられる．

　このような具体的な方法も重要だが，評価に関わる人のスキルアップの重要性も高い．行政職員であれば評価研修，外部評価において評価者を務める人であれば事前の研修などがある．本書では特に行政職員に着目しているが，自己評価が中心であり行政職員が果たす役割が大きい自治体評価においては，評価についての行政職員の知識の増加や技能の向上のために評価研修を継続的に実施することの重要性は高い［田中 2014：290-294；斎藤 2001：2］．制度導入時だけでなく継続的に実施している例は少ないが，行政以外の主体が提供している評価研修も存在するため，それらを活用することも可能である［池田 2019a：88-89］．

　業績スタットは従来のような業績測定による評価制度と比べると必要とされる時間や労力は多い．そのため，一度に多くの政策を対象に評価することを重視する場合には適したものではない．よって業績スタットを地方自治体で導入する場合には，例えば総合計画で重点的に取り組むものとして位置付けられている政策を対象にする，地方創生に関する取組みのうち特に力を入れている政策や各地方自治体における独自の政策に限定するなど，評価対象を絞って取り組むべきであり，それが効果的な取組みにつながると考えられる．他の評価手法と同様に，業績スタットにも長所と短所があるため，他の評価手法との使い分けや組み合わせによって短所を補完することが重要であると言える．

＋ おわりに

　本章では，主にベーンの研究に基づいてアメリカ合衆国地方政府の業績スタットを説明し，自治体評価における適用可能性について考察した．業績スタットは目標達成や改善に取り組む問題の責任者や事務局の担当者を積極的に参加させて議論を行っていることと，評価結果の利用促進のためにデータの提示方

法や評価結果の報告方法を工夫していることが重要な要素である．これらの取組みを通じて評価結果の利用が促進され，改善策の実施と政策の改善の確実性が高まるとして注目されている．このような点から，評価結果の利用という長年研究されてきた課題の解決策の1つとして期待できることに加え，データの利用という最近の関心にも応えていると言える．例えば EBPM（Evidence Based Policy Making：証拠に基づく政策形成）やオープンデータとの関連でもデータの利用は重視されており，総務省情報流通行政局は地方自治体を対象として『地方公共団体におけるデータ利活用ガイドブック　Ver. 2.0』を作成している[9]．地方自治体において情報化が注目される背景としてはインターネットなどによって情報の伝達がオープン化した結果，様々な社会現象が相互関連性を強め，情報が横断的に共有されようになったことが挙げられている［宮脇 2017：3-4］．情報化によって縦割りの構図を越えた情報共有や，地域や住民との情報共有が促進されるという効果も期待されている［宮脇 2017：3；若生 2017：206］．また，公的組織のオープン化を進め，応答性を高めるとともに，政府にとっても利用しやすい情報にする e ガバナンスも注目されている［Lane 2009：邦訳 29-30］．

　また，評価との関係では総務省による2016年度以降の政策評価に関する統一研修（地方研修）においても演題の1つとしてデータに関するものが必ず含まれている．このように，政策を評価することとデータの活用は関連付けられることが多い．業績スタットはデータを収集してそれらを政策形成につなげていくこととの関係でも参考になるものであると言える．

　注
　1）　現地での調査は実施していないが，例えば州レベルの取組みで成果をあげたものとして有名なワシントン州の取組みなど YouTube で会議の様子が公開されている場合もあるため，実際の様子を確認できる．
　2）　ベーンはハーバード大学ケネディスクールで公共政策を教える上級講師（senior lecturer）である．公共部門の業績を改善するためのリーダーシップなどについて研究している．

3） パヌンツィオは公共事業を中心に1980年代後半から行政で働いてきた人物であり，専門としている分野は公共政策，行政組織，政府間関係，マネジメントなどである．

4） 例えば Behn は，主な特徴は5つだが，細分化すると20の特徴があると述べている［Behn 2006：332］．

5） 会議とは業績スタットのための会議であり，データの報告，問題点や改善策の検討などを行うものを指す．業績スタットの重要な特徴の1つであり，特別な名称がある事例は少なく，meeting と表記されることが多い．

6） これらの事例の詳細については池田［2018c］を参照されたい．

7） そのため，聞き取りではなく問答とした方がより適切かもしれないとも述べられている［窪田 2014：26］．

8） 本書ではこれ以上詳細には述べないが，具体的な事例やその詳細は木下［2018］や窪田［2014］を参照されたい．

9） オープンデータとは，「公共データを広く公開することにより，国民生活の向上，企業活動の活性化等を通じ，我が国の社会経済の発展に寄与する観点から，機械判読に適したデータ形式を，営利目的も含めた二次利用が可能な利用ルールで公開する」取組みである（http://www.data.go.jp/，http://www.w3.org/DesignIssues/LinkedData.html，2019年8月29日閲覧）．

第 6 章　評価結果の効果的な報告の自治体評価における実践

✛ は じ め に

　本章では前章までの内容を踏まえ，評価についての誤解やマイナスのイメージを避けることで負担感を軽減し，政策の質的改善への利用につながりやすいような形で評価結果を報告する方法の実践について述べる．

　第3章で述べたように，日本の地方自治体では評価結果を効果的に報告するための工夫はなされていない場合が多い．しかし，視覚的要素など比較的容易に取り入れられるものもあり，業績スタットのように評価の過程や最終的な報告においてグラフやマッピングなどを活用していくことも可能であると考えられる．また，現状でも工夫が全く見られないわけではなく，図解やデータビジュアライゼーションへの関心の高まりなどから導入の可能性はあると考えられる．

　評価結果の報告方法を工夫することが重要なのは，評価についての行政職員の認識やイメージに影響を与えるものの1つだからである．第2章では政策を評価することについて持っているイメージと負担感には関連性が見られることを述べたが，このイメージは評価に関する業務における行政職員の経験から形成されている．その経験とは，例えば作成された評価表からどのような情報をどのように得るか，自己評価の結果について事務局や外部評価委員会などから何をどのように指摘されるかなどである．第4章で述べたように，実用重視評

価では想定利用者の評価への参加が重要な点の1つだが，何らかの方法で評価の過程に参加させればそれでよいということではない．評価結果の利用促進のためには想定利用者が評価の過程で何をどのように経験するのかが重要である[Patton 2008 : 37-38]．つまり自治体評価では，評価結果や評価に関する情報を行政職員がどのように受け取るのかが評価結果の利用や評価の負担感に影響を及ぼすということである．そのため，想定利用者である行政職員に評価結果をどのように報告するのかを考えることは重要であると言える．

　本章では筆者が関わった評価において実践した2つの事例をとりあげる．評価結果の効果的な報告については，外部評価委員が委員会の場や報告書などで取り入れることを提案することも1つの方法だが，視覚的な要素を取り入れるなどの工夫がなされた報告書は現状では一般的ではなく例も少ない．そのため，関心を持ってもらうという点や行政職員自身でも作成できそうだと認識してもらうという点において，実践してみせることも有効であると考えられる．

　1つ目の事例は京都府宇治田原町における行政評価ヤングレビュー会議において作成したものである．これは指標を用いて測定した数量的データをどのように説明するかという点を重視したものである．2つ目の事例は京都府南丹市のまちづくり活動支援交付金を利用して実施した定住促進関連事業の実用重視評価によるプログラム評価において作成したものである．これは文章を中心にしつつわかりやすく簡潔に説明するという点を重視したものである[1]．

　従来の典型的な報告書である文章中心の長いものの代替案や工夫には様々な選択肢がある．その中には動画，データキューブ（data cube）やクーティーキャッチャー（cootie catcher）などの折り紙細工，お菓子の包み紙に評価結果を表示する，詩や劇，ダンスで表現するなど報告書とは全く異なるものも含まれている[Hutchinson 2017 : 81-83][2]．しかし，本章では報告書という形をとる場合にどのような工夫ができるかという観点から，2つの事例をとりあげ，先行研究をどのように取り入れたかを示しながら説明する．全く別の方法ではなく報告書の工夫について考えるのは，現状では報告書が一般的な方法であり，誰で

も比較的容易に作成できるものであると考えられるからである.

　なお,本章では報告書の一部を図として掲載しているが,報告書そのものも資料として添付する(資料5,資料6).

✛ 1. 京都府宇治田原町
──行政評価ヤングレビュー会議──

　本節では京都府宇治田原町で実施した地方創生に関する政策の外部評価において,筆者が作成した報告書を効果的な評価結果の報告方法の1つとして紹介する.以下では行政評価ヤングレビュー会議(以下,ヤングレビューとする)の概要を説明し,報告書のポイントを先行研究と照らし合わせつつ説明する.

　宇治田原町は京都府の東南部に位置する人口9173人の町である(2020年8月1日現在).面積は$58.16\,\mathrm{km}^2$であり,山地が大部分を占める.緑茶発祥の地として緑茶の生産・販売や観光に力を入れている.また,町の地形を上から見るとハート型であることを活かして「ハートのまち」としてシティプロモーションや移住・定住の促進にも力を入れている.

(1) 宇治田原町の評価制度とヤングレビュー

　宇治田原町は,評価表は公表していないが自己評価として事務事業評価を実施している.事務事業評価に対する外部評価は行政改革大綱で以前から検討事項となっていたが,実現には至っておらず,2018年度はその試行としてヤングレビューを実施した[宇治田原町 2018:6].外部評価の名称は宇治田原町行政評価ヤングレビュー会議であり,連携協力包括協定を締結している京都府立大学の公共政策学部窪田好男研究室(以下,窪田研究室とする)の学部生8人が委員を務め,窪田好男教授と筆者がコーディネーターを務めた.ヤングレビューは京都府舞鶴市の舞鶴版・地方創生についての市民レビュー(以下,市民レビューとする)をモデルとして2017年度に窪田研究室が考案したものであり,市民レビ

写真 6 - 1 ヤングレビューの様子

出典：窪田研究室が撮影.

ューとの違いは委員が若者だけで構成されているという点である．市民レビュ
ーでは議論の中で得られた意見やアイディアを行政職員が政策に反映させて改
善につなげることを重視している［木下 2018：246-49］．そのため，コーディネ
ーターによる司会の下で改善の視点から委員が活発に議論や意見交換を行うこ
とを通じて評価する．また，事業仕分けのように評価する側の委員と評価され
る側の行政を対立関係にしないことも重視しており，行政職員も同席している
が，基本的にコーディネーターと委員で進める．今回の評価対象は地方創生推
進交付金を利用して実施している事業であり，第1回は事業の単位で有効性と
費用対効果の評価と改善策の検討を行い，第2回は施策の単位で有効性の評価
と改善策の検討を行った．写真 6 - 1 が実際の様子である．

（2）報 告 書

ヤングレビューでは報告書も学生が作成しており，学部生は舞鶴市の市民レ
ビューの報告書を参考に同様の報告書を作成した．この報告書は評価結果のポ
イントを示す概要版と，議事録の形で評価結果の詳細を述べる部分から構成さ
れている．一般的な報告書に比べると関連する写真が豊富に掲載されているが，
中心は文章である（以下，報告書2とする）．この報告書に加えて，筆者は第3章
で整理した先行研究を踏まえ，評価情報を効果的に報告して利用につなげるた

めの報告書を作成した（以下，報告書1とする）．報告書1のポイントは①情報の詳細さに段階を設けていること，②2種類の報告書に互換性を持たせていること，③報告書から得られる情報と読み方を説明していること，④色や図表などの視覚的要素を活用していること，⑤数量的データを効果的に説明する工夫をしていることである．報告書1のイメージについては図6‐1・図6‐2・図6‐3を参照されたい．

　第1に，評価情報の詳細さに段階を設けることについては，まず情報の詳細さが異なる2種類の報告書を作成することによって段階を設けている．また，図6‐1の黒い点線で囲まれた部分のように，報告書1の中でも評価結果の一覧と施策ごとの評価結果の両方を掲載している．これにより，どのような情報をどの程度知りたいかに応じて選択することができる．また，施策ごとに評価結果の詳細を示している部分を1ページに収めていることも，関心がそれほど高くない人や時間のない人にも最低限の情報を伝えるという点で重要である．報告書1はなるべく簡潔にするとともに数値によるデータを示すことを重視しているが，有効性と費用対効果の評価結果については，その結論に至った経緯や理由，その中で議論された改善策も重要な情報である．それについては報告書2が対応しているため，報告書1で概要を知ってもらったり関心を持ってもらったりして，報告書2につなげるということも意図している．報告書2を読むという段階には至らなかったとしても，評価の理由と改善策も重要な情報であり，最終的な評価結果を数字やアルファベットなどで示すだけではその数字を見て一喜一憂するだけで終わりがちであるため，報告書1でもその要点は必ず記載している．

　第2に，2種類の報告書に互換性を持たせることについては，参照ページ数を記載してより詳しい情報，あるいはより簡単な情報を得るためには報告書1・2のそれぞれどこを見ればよいかを示している（図6‐1）．これにより，事業や施策の単位で簡単な情報から詳細な情報まで辿っていくことができる．また，必要に応じて選択することもできる．

評価結果一覧

施策・事務事業の名称	評価結果 有効性		評価結果 費用対効果		評価の理由、改善策等	参照ページ数 報告書1	参照ページ数 報告書2
施策1 今だけ、ここだけ、貴方だけ観光推進事業					・目的は十分に評価できる ・今後はポータルサイトの改善や観光地までの道中・周辺の魅力向上が必要		16-18-20
1-1 未山・くつわ池自然公園事業費	やや高い	4	やや高い	4	・実施内容との関係性については判断が難しい部分もある ・町外の利用者が多いことから、観光推進には有効であると評価する	3	2-5
1-2 観光まちづくり推進事業費	やや高い	4	やや高い	4	・ポータルサイトは、アクセシビリティや宿泊情報などの面から改善が必要である ・SNSの利用も有効ではないか		2-6
1-3 お茶の京都交流拠点整備推進事業費	高	5	高	5	・ハード整備に一定の費用がかかるのは仕方ない面もある、必要性は認める ・ただし、今後は付加価値を高めるための工夫が必要である		3-6-7
1-4 お茶の京都推進事業費	やや高い	4	やや低い	2	・指標の意味がわかりにくい ・費用がかかりすぎているのではないか		3-7-8
施策2 移住IMO創造事業					・宇治田原町の認知度を向上させることの重要性は認める ・しかしターゲットの限定や宇治田原町への移住のメリットの発信も必要である		16-21-23
2-1 空き家等総合対策事業費	高	5	やや高い	4	・社会的にも重要な問題である ・適切な手順を踏んでいると言える	4	3-8
2-2 「ハートのまち」PR事業費	やや高い	4	やや低い	2	・町の魅力を内外に発信できている ・移住希望者の相談件数を元に伸ばしていくことが有効ではないか		3-9
2-3 まちのマスコット「茶ッピー」活用事業費	やや高い	4	やや低い	2	・茶ッピーが何を表しているのか・キャラクターなのかがわからない点が問題 ・茶ッピーに対する理解度・認知度を向上させるための工夫が必要である		3-9-10
2-4 町内企業就業推進事業費	やや高い	4	やや高い	4	・移住促進のためには、仕事の紹介をすることは重要である ・町外でも説明会を開催する、開催回数を増やすなどの工夫が必要ではないか		3-10
施策3 企業サテライトオフィスの誘致から広がる持続可能な地域づくり事業					・施策と事務事業の関連性が高い ・事務効率に向けてはターゲットの限定や利用可能な場所の提示などが必要		17-23-25
3-1 コミュニティバス運行支援事業費	高	5	やや低い	2	・公共交通の確保という点からは有効性は高いと言える ・利用者数増加の要因は直近次第的なものであるため、有料化の検討などが必要	5	4-10-11
3-2 公共交通利用推進事業費	やや高い	4	判定不可	3	・子どもたちが交通に対して覚えるよい機会にはなっている ・今後は、利用者の声を拾って改善に活かしていくような取り組みも必要である		4-11
3-3 町内雇用促進助成事業費	やや高い	4	やや高い	4	・職を近づける現代のニーズとも一致する程度である ・しかし費用が高いため、助成金以外の方法も考えたほうがよい		4-11-12
3-4 寺子屋「うじたわら学び塾」運営事業費	やや高い	4	やや高い	4	・的はコンセプトは評価できる ・調整だけでは実施内容がわからないという点は改善が必要である		4-12
3-5 奥山田石ふれあい広場整備事業費	判定不可	3	判定不可	3	・まだ実施はされていないため、判定不可 ・誘客面での工夫が重要であり、体験型の取組みがよいのではないか		4-12-13
施策4 「やまんたん未来プラン」に基づいたまちづくり 施設整備事業費					・今後に対する期待も込められており、施設の有効性に対する評価は高い ・ただし、体験型イベント、物販などを今後どのように実施していくかが評価に重要である		4-13-14・ 17-25-27
4-1 お茶の京都交流拠点整備推進事業	やや高い	4	判定不可	3	・今後への期待をこめる有効性はやや高いと評価する ・ただし、今後は、何をどのように実施していくかが重要である	6	

図 6-1 評価結果の概要と参照ページ数を示すページ

出典：筆者作成.

　第3に，報告書から得られる情報とその読み方の説明とは，自己評価の結果である評価表を公表する際に作成されている場合がある評価表の見方を説明しているものと同様である．ここでは，この報告書はどのように見ればよいか，またどこを見ればどのような情報を得られるかを説明している（図6‐2）．

　1点目と2点目はハッチンソンが評価結果を効果的に報告するためのポイントとして4つ挙げているもの中の1つにあたるものである．つまり，報告する要素に段階を設定して層状にすることによって評価結果を受け取る側が状況に応じて情報の詳細さを選択できるようにするとともに，詳細な情報へと誘導することを意図している［Hutchinson 2017：26-31］．評価結果を報告するという観点からは1点目と2点目に比べると間接的ではあるが，3点目もこのポイントに関連するものであると言える．

　第4に，色や図表などの視覚的要素の活用とは，評価する際の重要な判断材料である指標から得られる数量的データを効果的に説明するために色や図表を積極的に活用しているということである（図7‐2・図7‐4）．報告書1を作成するにあたって参考にしたものはスコアカードであり，特に第3章の図3‐5で示したタイプのものをモデルにしている．まず，有効性と費用対効果の評価結果は，評価結果の一覧と各事務事業の評価結果についてはブロックの数で，各施策の評価結果については湯呑の数で表している．ブロックを用いたのは5段階評価のうちどの程度だったのかということと他の事業や施策の評価結果との差を視覚的に認識しやすくするためである．湯呑を用いたのは，宇治田原町は緑茶発祥の地であり，それを観光推進の柱の1つとしているためである．よって，他の地方自治体で作成する場合には別のものを用いることを想定している．このようなアイコンを用いて表現することで必要以上に難しい印象や堅い印象を与えることを防止し，関心を持ってもらいやすくすることを意図している．また，全てを数字で記載するよりもメリハリを付けることができる．この点についてはハッチンソンが提案しているほど凝ったものを取り入れているわけではないが，基本的な視覚的要素は取り入れている．また，この報告書1で

156

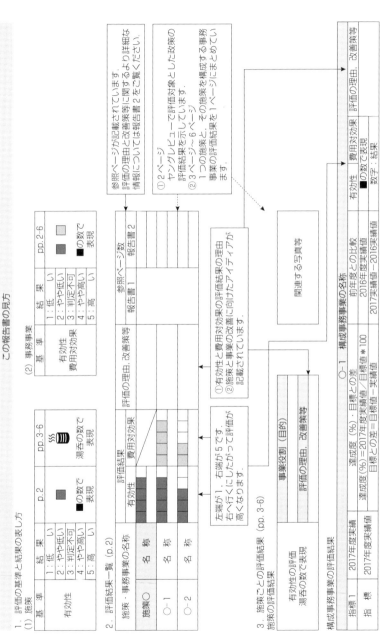

図6−2 報告書2の読み方を説明するページ

出典：筆者作成.

は業績マネジメントにおいても注目されている点である，数字に不慣れな人にも業績測定による評価の結果を効果的に報告するという観点に重点を置いている［Poister, Aristigueta and Hall 2015：166-74］．

　第5に，数量的データを効果的に説明するための工夫とは，達成度と目標値との差，前年度の実績値との差を記載していることである（図6‐3）．自治体評価の評価表や報告書では，指標の測定結果を示す際に目標値と実績値のみを示す場合が多いが，報告書1では目標達成度と目標値との差，前年度の実績値との差も記載している[4]．業績測定に関する先行研究において述べられているように，収集したデータは単に事象を記録したものであるため，必ずしもそのままの状態で役立つわけではない［岡本 2016：237；田中 2014：232；Hatry 1999：邦訳 119］．そのため，分析を行って実績値が望ましいものであるかどうかを判断する必要がある［田中 2014：233；Hatry 1999：邦訳 137］．そのための方法の1つが実績値と目標値を比較することであることから，報告書1では目標達成度と目標値との差，前年度の実績値との差を記載している［田中 2014：234-36；Hatry 1999：邦訳 137-39；146-49］．目標値と実績値がわかっていれば，データの利用者が自ら計算することは可能だが，これらの情報を一覧にして示すことによって数字の持つ意味が明確になる．つまり，データから情報に変換することによって評価結果を受け取った人の理解を促進し，考えに影響を及ぼしたり行動を促したりすることができる．また，報告書1では計算結果の数字をそのまま表記しているが，数量的データを効果的に説明するという観点からは，第3章で言及したデータビジュアライゼーションの考え方や手法も有効である（小林ほか［2019］，藤・渡部［2019］など）．

　このように宇治田原町での実践においては，情報の詳細さに段階を設けてそれらに互換性を持たせていること，報告書から得られる情報と読み方を説明していること，色や図表などの視覚的要素を活用して評価結果を報告していることが従来の報告書との大きな違いである．また，評価の主要な基準となっている指標の測定から得られた数量的データを効果的に報告する工夫をしているこ

施策2　移住IMO創造事業

施策の評価結果

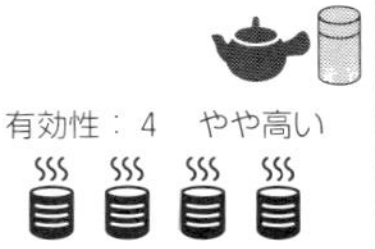

有効性：4　やや高い	事業役割（目的）
	・京都府と連携し，移住促進体制（IMO）を構築する ・大学生等と連携したチームを設置し，町内の高校生や大学生を対象とした就業支援，定住支援事業，お茶を活かした移住促進策を実施する
	評価の理由，改善策等
	・宇治田原町の認知度を向上させることの重要性は認める ・しかしターゲットの限定や宇治田原町への移住のメリットの発信なども必要

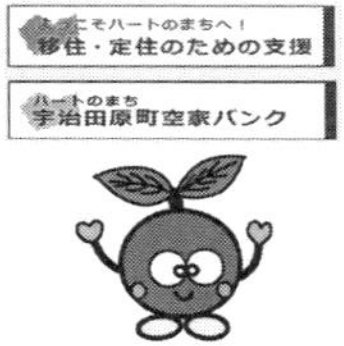

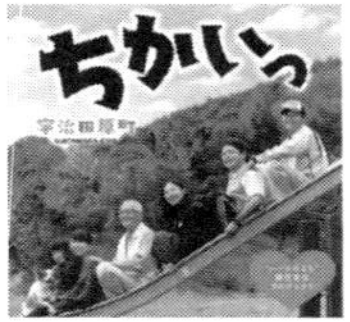

構成事務事業の評価結果

2-1　空家等総合対策事業費

指標1	2017年度実績	達成度(%)・目標との差	前年度との比較	有効性	費用対効果	評価の理由，改善策等
空家バンク登録件数	8件	80.0 －2件	1件 ＋7件			・社会的にも重要な問題である ・適切な手順を踏んでいると言える
指標2	2017年度実績	達成度(%)・目標との差	前年度との比較	5　高い	4　やや高い	
特定空家等候補物件の除却支援件数	記載なし	目標未設定	記載なし			

2-2　「ハートのまち」PR事業費

指標1	2017年度実績	達成度(%)・目標との差	前年度との比較	有効性	費用対効果	評価の理由，改善策等
移住希望者相談件数	12件	120.0 ＋2件	記載なし			・町の魅力を内外に発信できている ・移住希望者の相談件数をさらに伸ばしていくことが有効ではないか
指標2	2017年度実績	達成度(%)・目標との差	前年度との比較	4　やや高い	4　やや高い	
移住者数	27人	67.5 －13人	記載なし			

2-3　まちのマスコット「茶ッピー」活用事業費

指標1	2017年度実績	達成度(%)・目標との差	前年度との比較	有効性	費用対効果	評価の理由，改善策等
茶ッピーグッズ販売実績	25,000円	25.0 －75,000円	88,000円 －63,000円			・茶ッピーが何を表しているキャラクターなのかがわからないという点が最大の問題である ・販売実績も低い ・茶ッピーに対する理解度・認知度を向上させるための工夫が必要である
指標2	2017年度実績	達成度(%)・目標との差	前年度との比較	2　やや低い	2　やや低い	
「ゆるキャラグランプリ」の順位	452位	88.5 －52位	416位 －36位			

2-4　町内企業就業推進事業費

指標1	2017年度実績	達成度(%)・目標との差	前年度との比較	有効性	費用対効果	評価の理由，改善策等
就業支援説明会等への参加者数	44人	88.0 －6人	33人 ＋11人			・移住を促進する上で仕事があることは重要である ・町外でも説明会を開催する，開催回数を増やすなども必要ではないか
指標2	2017年度実績	達成度(%)・目標との差	前年度との比較	4　やや高い	4　やや高い	
本事業への参加者の町内企業への採用実績	5人	100.0 ±0人	3人 ＋2人			

図6-3　ある施策の評価結果を説明するページ

出典：筆者作成.

写真 6 - 2　ヤングレビューにおいて制作したデータキューブ
出典：筆者撮影.

とも特徴である.

（3）データキューブ

　ヤングレビューは2019年度も実施されており，報告書1の2019年度版を筆者
が作成した．また，2019年度は報告書に加えてデータキューブも作製した．デ
ータキューブとは，紙で作った立体の各面に評価結果を記入するものである．
例えば，正五角柱のサイコロ状のものなどがあり，ハッチンソンの *A Short
Primer on Innovative Evaluation Reporting* からコピーする，あるいはハッ
チンソンが運営しているサイトである Community Solutions から様式をダウ
ンロードして制作することができる［Hutchinson 2017：81-82］．筆者はパワーポ
イントを用いて正五角中のものを制作した（写真6 - 2）.

　筆者が作製したデータキューブは以下のような構成になっている．上部は施
策にあたるテーマとそれに関連する画像，有効性の評価結果が記載されている.[5]
また，報告書と互換性を持たせるために，報告書における該当ページが示され
ている．側面にはそのテーマに該当する事務事業の評価結果とその理由，改善
のためのアイディアが記載されている．基本的に1つの面に1つの事務事業と
いう構成になっている．下部には，いつ誰が評価したのかが記載されている.

　プリンターで印刷された紙の報告書や報告書のデータではなく，データキュ

ーブのように小さく具体的な形があるものの強みは，置いたり貼ったりする場所を選ばないため，常に目に入るようにできることである［Hutchinson 2017：81］．また，特徴的な形やデザインのものであれば，従来の報告書であれば読もうとは思わない人でも関心を持つことが期待できる．筆者が制作したデータキューブは，机の上に置いておくことができる，スペースをとらない，立体的な形であるため目立つという特徴を持っている．このように，重要な発見や結論，提言などを常に目に入るようにしたり頻繁に思い出させたりすることは，評価結果を効果的に報告する上で重要なことの１つであるとされている［Hutchinson 2017：35］[6]．

╈ ２．京都府南丹市
──定住促進関連事業の実用重視評価によるプログラム評価──

　本節では京都府南丹市で実施した定住促進関連事業の実用重視評価によるプログラム評価（以下，集落の教科書作成の評価とする）において，筆者が作成した報告書を効果的な評価結果の報告方法の１つとして紹介する．以下では，集落の教科書作成の評価の概要を説明し，報告書のポイントを先行研究と照らし合わせつつ説明する．

　南丹市は京都府の中央部に位置する人口３万1234人の市である（2020年８月１日現在）．面積は 616.4 km^2 であり，山地が大部分を占める．園部町，八木町，日吉町，美山町が2006年に合併してできた市である．主要な地域資源としては，豊かな自然や交通環境，付加価値の高い農業，高度医療，多くの高等教育機関が立地する学生のまち，かやぶき民家群などの観光資源などが挙げられる．

（１）南丹市の評価制度

　南丹市は，効率的で効果的な事務事業に向けて改善を行い，総合計画の目標達成に向けて取り組むことを目的として行政評価を実施していたが，2015年度

から休止している．自己評価として事務事業評価と事業貢献度評価を実施し，外部評価として施策の単位で評価を実施していた．事務事業評価は各事業内容の把握と点検を行い，成果の視点から評価することで，何を優先して進めるべきかを判断する材料を提供するものである．事業貢献度評価は施策の目標達成に向けて各事業がどの程度貢献しているかを評価するものである．外部評価では22の施策の中から3分の1程度を抽出して自己評価の結果について第三者の視点から審議と再評価を行うものである．具体的には目的と実績・成果を評価する行政評価の視点と運営と資源配分を効率化する財政削減の視点から評価する．また，自己評価と外部評価の結果に基づいて施策の優先度を決定し，今後の施策の実施や予算編成などに反映していく施策優先度評価も実施していた．

（2）集落の教科書作成の評価を実施した背景と目的

　2015年度以降は自己評価も外部評価も実施していないという状況であったが，筆者が所属している京都府立大学大学院公共政策学研究科の窪田好男研究室は市民提案型まちづくり活動支援交付金の大学枠を利用して定住促進関連事業の1つである集落の教科書の作成について評価を実施した．市民提案型まちづくり活動支援交付金とは，市民参加と協働のまちづくりを推進し，市民が誇りを持てる個性的で魅力ある地域社会を実現することを目的とし，市民団体等が提案する新たなまちづくり活動に必要な経費を補助するものである（南丹市市民提案型まちづくり活動支援交付金交付要綱第1条）．この交付金を利用し，自治体評価の専門家から構成される当研究室と南丹市の定住促進関連事業担当者が合同で，実用重視評価という手法を用いて定住促進関連事業の評価を実施するという取組みを行った．この評価では，事業のねらいを明らかにし，そのねらいが実現しているかを調査し，調査結果に基づいて評価した．また，評価のプロセスと結果を市民に開かれた報告会で発信した．

　この評価を実施した背景は，以下のとおりである．南丹市は『地域創生総合戦略』に基づいて地方創生に熱心に取り組んでおり，それらの政策については

自己評価と地域創生会議による外部評価を実施している．しかし，その評価手法は KPI を用いた業績測定であるため，得られる情報の内容や正確性には限界がある．また，南丹市の地域課題や特徴のある政策，それに取り組む行政職員の姿が市民に十分に知られていないという課題もある．

　そこで，窪田研究室では以下の3点を目的として評価を実施した．第1に，より正確で客観的な評価結果を得ることである．実用重視評価によるプログラム評価を実施することで KPI を用いた業績測定という既存の評価手法では得ることができなかった情報を得ることができる．第2に，南丹市の地域課題や特徴的な事業とその成果に対する市民の理解を深め，広げることである．南丹市の地域課題や地域特性，それに取り組む南丹市の特徴のある政策，政策を担当する職員や関係する人々の熱意や努力，政策のねらいが実現しているかの探求といった点について関心を持ってもらえるように，またわかりやすく説明することを目指した．そのために，評価のプロセスと結果を市民にもわかりやすく面白い報告書と動画にまとめ，市民報告会等で発信した．第3に，関係者の政策能力および評価能力を向上させることである．定住促進関連事業の担当課の職員やその関係者にも評価の過程に関わってもらうことで，政策を評価することに関する考え方や理論を説明したり，評価対象の事業についてより理解を深めたりすることを目指して実施した．

　評価の対象とした集落の教科書とは，集落の生活様態や慣例，地域資源など移住希望者等が求める情報をわかりやすくまとめた冊子である．南丹市への人の流れを増幅させるという基本目標と定住・移住促進に向けた情報発信と支援という施策の下で定住促進に向けた情報発信のための事業を実施しており，その中で取り組んでいることの1つが集落の教科書の作成である．この事業の中では他に，リーフレットや幟，散策コースの看板を作製し，設置するという地域情報ツールの整備も実施している[7]．

（3）報　告　書

　この集落の教科書の作成について評価を行い，報告書と動画をそれぞれ 2 種類作成した．以下では，報告書について説明する[8]．報告書は，文章中心で分量も多い従来型のものと，A4 サイズで 2 ページにまとめたものを作成した．1 つ目の報告書は従来からある典型的なものであり，構成や項目は評価の過程で実施することとその具体的な内容や手順について説明している『評価論理』の第 8 章「具体的な評価の手続き　ステップ・バイ・ステップ」を参考にした［佐々木 2010：97-123][9]．以下では 2 つ目の報告書についてその特徴を先行研究と照らし合わせつつ説明する．

　この報告書は tow-pagers と呼ばれているものをモデルとしている［Hutchinson 2017：59-60]．two-pagers とは文章中心の報告書の 1 種であり，分量が多い報告書の要約や概要版として作成されることが多い．様式やデザインは自由度が高く，必ずしも手の込んだものである必要はない．ただし，要約や概要版であっても文字ばかりのものではなく，イメージとしてはニュースレターや，学会などのポスター発表で使用するようなポスターに近いものであり，簡潔でわかりやすい内容と分量であることが重要であるとされている．具体的には以下のような点を意識して作成するとよいとされている．まず，分量は 1 ページから 2 ページでまとめ，評価結果を報告する相手にとって理解しやすい構成を考える．また，関心を持ってもらえるような見出しを使って文章を分割する．例えば評価の項目で分割するのは 1 つの方法である．見出しについては大胆かつカラフルなフォント，図表についてはコールアウト（callout）を用いて重要な点に確実に関心を持ってもらえるよう誘導するとよい[10]．また，1 ページから 2 ページに納める必要があるが，余白は十分にとることも重要である．

　筆者が作成した報告書のポイントは ① 文章中心だが簡潔であることと，② 報告書を構成している項目とその切れ目を明確にしていることである．第 1 に，文章中心だが簡潔であることについては，分量と視覚的要素で工夫している．まず分量については A4 サイズで 2 ページにまとめ，1 ページ目は評価対象で

定住促進関連事業の実用重視評価によるプログラム評価

京都府立大学公共政策学部
教授・上級評価士　窪田好男
博士後期課程2回生　池田眞男

1. 集落の教科書について

■集落の教科書とは
移住を検討している人や移住を決めた人に対して、その地域で暮らす上での必要なルールを説明し。
移住者向けの資料を定住促進を目指す情報発信ツール。
☆ポイント1「良いこともそうでないこともきちんと伝える」
　移住者に良いことばかりではなくどのようなことが正確に伝え、移住者と地域の間のミスマッチを防止する
☆ポイント2　ルールの意味を変数するアイコン
　…どこの規定通りするべきか、必ず覚えておくべきものはどれかを判断できる
　読みやすくすく、理解の促進される

■集落の教科書が必要とされる背景
①人口減少
・南丹市の転出者は一貫して増加傾向にあり、2014年には転出超過になった
②地域の魅力のなかの増加しない
・地域の良い点や限られを発信について移住者の増加につながっていない
・移住者と地域の間のミスマッチによる移住の失敗事例が存在する

一方で…
・若い世代の田園回帰の意識は高まっている
・大都市圏に居住している20代の人々のうち53万人未満の市町村における60～70代のうち田舎暮らしや地方への移住に対する関心が高い

■作成のプロセス
①集落の教科書作成に対する地域での合意形成
　…住民が主体的に取り組み、移住に際して選定してもらう
　地域を自分たちで作っていくことが重要
②地域のキーパーソンや住民へのインタビュー
　…どのようなルールがあるかを明らかにする
　地域との信頼関係を構築しておくことが重要
③編集
　…どのルールを掲載するか、どのような表現やデザインにするかなどを検討する
　疑問や反対の意見が出ることもあるが、根気強く説明して全員の理解を得ることが重要
④完成！
　→ルールに変更があれば教科書も適時変更していく

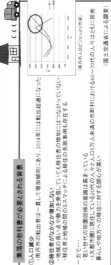

2. 評価結果

■評価の枠組み
実用重視評価(Utilization-Focused Evaluation)の手法を用いて評価し、評価結果を報告書と動画等で発信する
①評価対象事業を選定
　定住促進関連事業の中から集落の教科書の作成を選定
②インタビュー
　・事業担当者に概要や目的を調査する
　・作成に取り組んだ地域や移住者に、実感している効果や苦労した点、実感していることなどを調査する
　・移住体験者の方、移住を考えたきっかけや作成過程の教科書に対する考えなどを調査する
③文章中の内容を要約し、報告書、ビジュアル化し、報告書、動画による評価結果を発信

目的の実現…実現している
効果①多くの人に開の中でスマッチが生じることを防止するとともに移住を促進、定住を促進すること
　・口頭で説明すると人によって内容や説明の程度に差が生じる
　・文章の形にまとめれるものがあれば聞くだけでなく見て理解でき、何度も確認できること

効果②移住者が増加した
　・中世代地域には10程度の移住者の状況
　・集落の教科書をインターネット上で見て、地域で現在移住体験中の人もいる
　KPIとして設定されている空き家等活用移住相談件数も増加している

副次的効果…なし

罰以外の効果…あり

一般化可能性(外的妥当性)…あり

普及状況

図6-4　集落の教科書作成についての評価について作成した two-pagers のイメージ

出典：筆者作成.

ある集落の教科書の説明，2ページ目は評価結果という構成になっている．図6‐4として見開きの状態にしたものを掲載している．また，視覚的要素についてはグラフと色，イラスト，写真を用いている．

　第2に，報告書を構成している項目とその切れ目を明確にしていることについては，枠線と見出しを用いてどのような内容がどこまで書かれているのかが一目でわかるようにしている．また，2ページ目は見出し部分に評価結果の結論も示しており，見出しとオレンジ色の文字だけを追っていっても最低限の内容はわかるようになっている

　このように南丹市での実践においては，two-pagers を作成する際のポイントとしてハッチンソンが述べていることに従って作成している．また，従来型の報告書と two-pagers，動画の3つを用意することで情報の詳細さに段階も設けられている．

　なお，南丹市の市民提案型まちづくり活動支援交付金の大学枠を利用した評価は2019年度も実施している．2019年度は婚活支援を中心とする少子化対策推進事業を評価対象とし，同様の報告書を筆者が作成した．2019年度の two-pagers は2018年度のものよりもロジックモデルを意識したものになっているが，その他の点は基本的に同じである（資料7）．また，2018年度と同様に動画も作製されている．

3．報告書作成後の段階

　本節では報告書を作成した後の段階について述べる．どのような報告書を作成するかだけでなく，作成後も重要であり，どのように渡すか，説明するかという点も考える必要がある．宇治田原町では町役場で町長と事務局である企画財政課に報告書を手渡し，評価結果のポイントを説明したり，ヤングレビューを実施した感想を述べたりする機会を設け，町長と意見交換を行っている．南丹市では2018年度は市役所で市民報告会を実施し，7人の市民と4人の行政職

員が参加した．ここでは，作成した報告書と動画を用いて評価の過程と結果を説明し，質疑応答を行った．また，集落の教科書への関心や関わり，政策の評価への関心などについてアンケートも実施した．2019年度も同様の報告会を実施し，行政職員や婚活事業の実施を担当した NPO の職員など7人が参加した．

　このように説明を行う機会を設けるとともに，報告書などを公表していつでも見られるようにしておくことも必要である．宇治田原町はヤングレビューの報告書をホームページなどでは公表していないが，2018年度のものについては京都府立京都学・歴彩館では閲覧可能な状態になっている．集落の教科書作成の評価報告書については南丹市のホームページで公表されている．少子化対策推進事業の評価報告書は公表されていない．動画は集落の教科書の評価も少子化対策推進事業の評価も YouTube で公表されている．[11)]

　ハッチンソンは評価結果の最終的な報告を行う際にどのような方法をとるかが重要であることと，そのための計画を立てることも必要であることを述べているが，評価結果の報告や説明に関連して，報告書や評価結果に基づく提言を完成させる前の段階でデータパーティーを実施することの重要性も強調している [Hutchinson 2017：23；93]．データパーティーとは，評価対象の政策の関係者など評価結果を受け取る側の人々が評価による発見を振り返り，その情報を基に交流する機会であり，報告書がある程度完成した段階で実施される．データパーティーでは，各自にとってそのデータが意味していること，各自の期待と評価結果との差，データや評価結果の中で各自にとって目立つことや驚いたこと，現状とその原因，求められている対応，評価者が示している提言の実現可能性，評価結果と提言を意思決定者に報告する際の最適な方法などについて考え，共有する．このような機会を設けることによって，評価者は最適な結論や提言のための意見やアイディアを得ることができる．また，評価結果の受け手にとっては自らデータを分析したり解釈したりする機会となり，そのような過程を経ることで結論や提言を受け入れやすくなる．

　データパーティーは最終的な報告の場ではないが，評価結果やそれに基づく

提言を評価対象の政策に関係する人々に説明することの重要性を示していると言える．そのため，どのような報告書を作成するかということとともに，その報告書を使ってどのように説明するかということも同様に重要であると言える．

✛ おわりに

ヤングレビューの報告書１の作成にはエクセル，データキューブと two-pagers の作成にはパワーポイントを使用しており，特殊なソフトや高度な技術を使用していない点は重要な点の１つである[12]．どれだけ工夫されていて，効果的な報告書であったとしても，特殊なソフトや高度な技術が必要とされる場合，担当者が交代すると再現性が低下してしまう．また，コストが高くなる可能性もある．そのため，評価結果の想定利用者にとっての使い勝手だけでなく，作成する側にも配慮した作成方法やデザインを考える必要がある．また，デザインなどに凝るあまり，報告書の作成が目的化してしまうことも避けなければならない．重要なのは，想定利用者にとってのわかりやすさや伝わりやすさ，評価結果が利用されるようにすることである．

　本書では行政職員を想定利用者としており，本章でとりあげた報告書等も行政職員による評価結果の利用を促進することを意図して作成されている．しかし，想定利用者は行政職員以外にも存在するため，市民など他の主体を想定利用者とする場合にはどのような違いを出すべきなのかという点も重要である．本書ではその違いを具体的に明らかにしてはいないが，施策・事業の担当課の行政職員以外を想定利用者とする場合には少なくとも宇治田原町での例のようにデータを列挙することは向いていないと考えられるし，使用する用語についても専門用語を説明なしに多用しないなどの工夫が必要であると考えられる．また，同じ行政職員でも立場や所属している部署によって求めている情報や評価に対する関心，データを理解する力などは異なるため，適切な方法は１つではない．

　ただし，本書が参照しているハッチンソンの研究においても外部の評価者か
ら行政職員に報告するという場合が想定されている．そのため，色やイラスト，
図表を積極的に活用することや，報告書の分量を少なくすることは行政職員で
はなく市民などに向けた工夫であると理解される場合もあるが，行政職員に報
告する場合にも必要なことであると言える．しかし，行政職員以外の想定利用
者に評価結果を報告する際にはどのような工夫が必要なのか，また，それぞれ
の想定利用者に報告する際のポイントは何なのかということも重要な課題であ
り，今後取り組んでいくべき点であると言える．

　注
　1） なお，本書では視覚的要素を豊富に取り入れて特にデータを効果的に伝えること，
　　かつ簡潔にまとめることを重視しているが，雑誌のように仕上げることで関心を高め
　　ようとしている事例もある．その例としては京都府立大学公共政策学科3回生窪田ゼ
　　ミが2014年度に作成した『京都市政策評価のぐるり　2014』が挙げられる．この冊子
　　は印刷したものもあるが，pdf をホームページからダウンロードすることもできる．
　　URL は https://hyouka2014.wixsite.com/kyouto-gururi（2020年12月10日閲覧）である．
　2） データキューブ（data cube）については次節で述べる．クーティーキャッチャー
　　（cootie catcher）は子どもが遊びに使うもので，中に指を入れて動かせるようになっ
　　ている．日本語に直訳するとシラミ取り器だが，日本語では「パクパク」や「パック
　　ンチョ」などと呼ばれており，占いをしたり，顔を書いて遊んだりする．
　3） 本来，事務事業評価の外部評価と地方創生の総合戦略に求められている外部評価は
　　異なるものであるが，宇治田原町は同じものとして扱っている．
　4） 目標値と実績値だけにすることは経年変化を示す上では便利である．達成度と目標
　　値の差，前年度の実績値との差も含めて経年変化を示そうとすると，今回のデザイン
　　では数字の羅列のようになってしまうため，グラフで表示するなどの工夫が必要であ
　　る．また，この報告書1では1つの施策について1ページでまとめることを重視した
　　ため，複数のデータの経年変化を示すこととの両立は困難であった．
　5） 2018年度は宇治田原町が設定している施策をそのまま用いたが，事務事業との目
　　的・手段関係が不適切な場合が多く，施策の単位での評価が難しかった．そのため，
　　2019年度は窪田研究室の側で施策にあたるテーマを設け，目的・手段関係が適切にな
　　るように事務事業を再分類した．
　6） ハッチンソンは，常に目に入るようにしたり頻繁に思い出させたりできるような状

態を sticky（粘着する，頭から離れない，くせになる）という単語で表現している．これは，グラッドウェル（Malcom Gladwell）の *The Tipping Point* やヒース兄弟（Chip Heath and Dan Heath）の *Made to Stick* というビジネスの分野の本から影響を受けて用いられている．

7 ）　この部分の説明は地方創生交付金事業評価調書を参照した．

8 ）　本書では特に報告書に着目しており，筆者が中心的な役割を果たしたわけではないことから動画については詳述しない．動画についての詳細は池田・窪田［2019］を参照されたい．

9 ）　この報告書は A4 サイズで12ページあり，字数は約 1 万3000字である．表やグラフも含まれているが，基本的には全て文章である．

10）　コールアウトとは，図表などに注意を向けさせるための記号や引き出し線である．

11）　2018年度の報告書と動画は南丹市のホームページから閲覧できる（https://www.city.nantan.kyoto.jp/www/emig/119/000/000/index_71006.html，2020年10月30日閲覧）．

　　　2019年度の動画は YouTube で閲覧できる（https://www.youtube.com/watch?v=my1F5MEYOXY，2020年10月30日閲覧）．

12）　ヤングレビューの報告書 1 は計算をする上で便利であるためエクセルを使用した．データキューブと two-pagers は図やイラストを自由に配置できるという点を重視してパワーポイントを使用した．

終　章　｜　評価とデザインの可能性

✛　は じ め に

　本章では本書の内容を総括した上で，自治体評価以外の分野では地方自治体も情報発信や情報伝達に関心を持っていることと，それらを評価にも取り入れていくことの意味について述べる．

　本書は，政策の評価は必要なものではあるが，当然備えているべきものとして制度化され，制度化されれば円滑に運用されていくものではないのではないかという問題意識に基づいている．このような問題意識から，自治体評価における評価結果の利用促進という課題を改善するためには行政職員を想定利用者として改めて認識し，想定利用者の負担感の軽減や評価への当事者意識の向上が重要であることを述べた．そのため，前半では評価についての行政職員のイメージと負担感の関係を明らかにし，イメージに影響を与えるものの１つとして評価結果の報告方法をとりあげ，その現状と具体的な方法を整理した．後半では，想定利用者である行政職員を評価の過程に参加させることと，評価結果の報告方法を工夫することによって評価への当事者意識を高められることを実用重視評価の理論と業績スタットという事例から明らかにした．また，筆者自身による評価結果の効果的な報告方法の実践についても述べた．

　本書が対象としている自治体評価の課題は，評価結果の利用促進や行政職員の負担感以外にも適切な指標と目標値の設定，外部評価による正確性や客観性

の向上，評価研修による行政職員のレベルアップなどがある．自治体評価は業績測定を中心とする評価制度であるから，これらの中でも，指標と目標値の設定は重要性の高い課題であると言える．そのため，指標と目標値の改善が先であるという考え方ももちろんあり得る．しかし例えば，指標と目標値が不適切で得られる情報の正確性や客観性が低いから評価結果が利用されないとも考えられるし，評価結果の利用が進まないから指標と目標値の改善も進まないとも考えられる．このように，評価の課題として指摘されていることの中には因果関係まではわからないが相互に関連しているものも多い．そのため，順番に1つずつ改善していくことが有効な場合もあるが，評価においては改善に取り組む上での順序は明らかではないと言える．改善可能なものから並行して取り組むことで，全体として徐々に改善されていくと考えられる．

　本書は，先行研究の検討の他に，筆者自身が評価者として関わることで実践してきたことや，主に2015年度から2019年度の間に複数の地方自治体で継続的に傍聴してきた外部評価等から得た知見に基づいている．特に評価結果の報告方法の工夫については，筆者自身が積極的に実践してきた．しかし，自治体評価では過去に事例がなく，筆者の実践も現段階では多くない．そのため，こういった実践においては効果検証も重要であり，関心の高いテーマではあるが，本書では実施していない．今後は継続的に実践していくとともに，効果検証についても考えていくことが課題の1つであると言える．これは，本書が重視しているもう1つの要素である評価の過程への行政職員の参加についても同様のことが言える．

　しかし本書の意義は，評価結果の効果的な報告方法を自ら実践していることだけではない．デザインの工夫によって政策過程における情報伝達を改善するという政策評価論ではこれまであまり着目されてこなかった観点を評価結果の報告に取り入れたことにもある．評価制度の認知度や評価結果に対する社会や市民の関心は低い．また，評価は内部で改善のために用いるもの，行政職員の意識改革に資するものなど対外的に用いるものというよりは内部のものという

認識も強いことから，そのような中で説明や報告の方法を工夫することにはつながりにくいかもしれない．一方で，自治体評価に限定しなければ，行政から市民に情報をどのように説明したり報告したりしていくのかということに対する関心は高い．しかし，政策を評価することによって得られる情報は政策に関する議論を行う上で非常に有用な材料となり得るとされている［田中 2014：278；285］．評価結果は政策形成に利用され，よりよい社会の実現につなげられていくことが重要であり，そのためには利用される機会を増やすとともに，多様な主体に利用されることが必要である．本書では想定利用者として特に行政職員をとりあげたが，多様な主体による評価結果の利用を促進するためには，複数の方法で報告したり発信したりしていくことが必要であり，第3章でも述べたように容易に取り入れられるものも多数ある．本章では，地方自治体は情報発信や情報伝達についてどのような関心を持っており，評価以外の分野ではどのような事例があるのか，また評価においても対外的な発信という視点から考えていくことがなぜ重要なのかを検討する．

＋ 1．情報発信や情報伝達に対する地方自治体の関心

　本節では，地方自治体を中心に行政が情報を公表したり発信したりすることについてどのような関心を持っており，実際にどのような方法がとられているのかについて述べる．

（1）地方自治体の関心

　地方自治体における情報の報告や伝達，発信などに関する議論は，広報や各地方自治体のホームページ，シティプロモーション，観光などの分野では盛んである．これらの分野では，どのような情報をどのような媒体や見せ方で発信していくのか，どのような先進事例があるのかといったことに対する関心が高い（川越市［2014］，岸本［2003］，行政管理研究センター［2011］など）．例えば広報紙

は，タブロイド判から冊子に変更して図表や写真などを豊富に使用したものを作成する地方自治体が増加しており，内容についても，いつ何をとりあげるかというスケジュールを1年単位で立てるというような戦略的な広報を行っている場合もある．また，公益社団法人日本広報協会が1964年から実施している広報コンクールもあり，多くの地方自治体が参加している．シティプロモーションや観光についても専用のポータルサイトを作成し，情報の発信に力を入れている地方自治体も多い．

　また，可視化（見える化）や視覚化への関心も高く，可視化に関する議論の中でも情報をどのように示すかということが重視されている[1]．可視化とは現状や問題点をわかりやすく示し，職場のメンバーで共有できるようにすることであり，製造業の現場で用いられているTQM（Total Quality Management：総合的品質管理）がもとになっている．それがビジネスなどの他の場面でも有効であることが注目され，行政においてもその必要性が指摘されている．可視化は行政にとっても企業にとっても業績や取組みの改善のための第1歩であり，財政の制約が厳しい地方自治体においても，部分最適論に振り回されずに全体最適を実現するために見える化を徹底すべきであるとされている［坂根 2018］．行政改革の分野では以前から注目されており，2015年6月に閣議決定された「経済財政運営と改革の基本方針2015」では，地方財政の見える化を進めることが明記された［ガバナンス編集部 2010；北大路 2009；閣議決定2015.6.30］．行政における可視化による業務改善の事例については，恩給の支給に関する業務の改善をとりあげた先行研究がある［吉牟田 2015］．また，可視化は働き方改革の分野でも注目されており，民間企業の事例紹介も行われている（静岡県藤枝市［2012］，矢代［2009］，労政時報［2013］，労政時報［2015］など）．可視化の中でも，行政の情報をわかりやすく報告するという観点ではさいたま市が注目されており，さいたま市自身も可視化を推進するための手引きを作成している［ガバナンス編集部2011；さいたま市 2011］．また第3章で述べたように，公務員向けに図表を活用した資料の作成方法を解説したものなども存在し，作成方法が解説されている

図終 - 1　京都市政報告書のイメージ1

出典：https://www.city.kyoto.lg.jp/digitalbook/book_cmsfiles/729/book.html（2020年 8 月28日閲覧）.

だけでなく実例も豊富に紹介されている［田中 2015］．また，日本では最近，データビジュアライゼーションが注目されており，その解説書や実際の活用事例を紹介した文献もある［小林ほか 2019：藤・渡部 2019］．

　もちろん，あらゆる情報の公表や報告，伝達において工夫を凝らさなければならないわけではないし，その工夫にコストをかけすぎるのは本末転倒である．しかし方法を工夫することによって，より利用されるものや有用性が高まるものもあると考えられる．また，難しい，自分には直接的に関係がないなどの理由から関心を持つ人が少ない情報もあり，そのような情報については詳細まで公表することの必要性に対して疑問も生じる．しかし，関心を持つ人の多さに関わらずできるだけ詳細な情報を公表することにも意味があり，詳細な情報を公表することは行政の真摯な姿勢や決意を示すことにもなり，それが行政に対

図終 - 2　京都市政報告書のイメージ 2

出典：https://www.city.kyoto.lg.jp/digitalbook/book_cmsfiles/729/book.html（2020年 8 月28日閲覧）.

する信頼を高めることにつながるとされている［内藤 2015：103-104］．つまり，知りたいと思ったときに調べられるようになっており，各自の関心の度合いに応じた情報を得られるようにしておくことが重要であると言える．評価結果もこのような公表や伝達，発信の方法を参考にして新たな方法で公表や報告を行ったり，広報などの既存の媒体で評価結果を報告したりすることもできる．また，方法を工夫すれば単なる公表や報告だけでなく，実施している政策の内容やその成果の PR に用いることも可能である[2]．

（2）評価結果の報告において参考になる事例

（1）で述べたように地方自治体においても積極的に工夫している分野もある．以下では，業績測定を中心とする評価制度における評価結果の効果的な報

第二次戦略的地震防災対策推進プラン　事業別進捗状況一覧　　　資料1-2

完了・定着化　実施　　検討　　未着手
　　■　　　　□　　　▨　　　■　　　（進捗度カラー表示）

推進事業	担当部局等	実　績	進捗状況				
			27	28	29	30	31
1　地震等に強い京都のまちづくりを進める							
1-1　地域と連携したまちづくりを進める							
1-1-1　危険地域の指定等を進める							
1　○土砂災害警戒区域等の区域指定の完了を目指す	●建設交通部	・指定箇所数　H27年度　1,568箇所　H28年度　1,002箇所　H29年度　293箇所　H30年度　0箇所　・累計指定数16,739箇所（最終見込みの98%）	□	□	□	□	
2　○津波災害による危険地域の指定等を進める　・津波浸水想定図を作成する　・津波被害想定を実施する　・津波災害警戒区域の指定を行う	●危機管理部	平成27年度：津波浸水想定を実施　平成28年度：津波災害警戒区域を指定，津波被害想定を実施　平成29年度：「日本海における最大クラスの地震・津波による被害想定」を公表，津波避難計画策定指針を策定して避難体制の整備を推進	□	■	■	■	■
3　○府民の生命又は身体に危害を及ぼす災害の原因となるおそれがある森林を要適性管理森林として指定する	●農林水産部	平成27〜29年度　第一〜六次指定を実施　平成30年度　第七次指定を実施		■	■	■	■
1-1-2　ハザード情報の一元化を進める							
4　○災害危険（マルチハザード）情報の整備・公表を行う　・各種ハザード情報を重ね合わせて表示させる機能を付加する	●危機管理部，製作企画部	マルチハザード情報提供システムをH28.4から公開し，最新データに順次更新	□	■	■	■	■

図終-3　京都府戦略的地震防災対策推進プランの進捗状況を示したもの

出典：京都府［2019：1］.

告方法を考える上で参考になる事例をとりあげる．具体的には，データをわかりやすく説明するための工夫をしているものと，進捗状況の示し方を工夫しているものをとりあげる．

　第1に，データをわかりやすく説明するための工夫をしている例としては京都市の京都市政報告書と統計調査の集計結果の紹介が挙げられる．京都市政報告書は図終-1と図終-2のように市政の変化を数字で表現し，まちづくりの進捗状況やかかるコストを可視化したものである．写真やイラスト，グラフを多数使用し，実施した内容と成果，今後の方向性をわかりやすく説明している．統計調査の集計結果の紹介は各種統計調査の結果等を分析し，わかりやすく説明するための読み物を作成するという取組みである．様々なテーマについて文章だけでなく写真やグラフ，表を活用してデータとその意味，そこから読み取

【教育研究等の質の向上における凡例】	【業務運営・財務内容等における凡例】
⊠…中期目標の達成状況が非常に優れている	⊠…中期目標の達成状況が非常に優れている
■…中期目標の達成状況が良好である	□…中期目標の達成状況が良好である
□…中期目標の達成状況がおおむね良好である	□…中期目標の達成状況がおおむね良好である
▨…中期目標の達成状況が不十分である	▨…中期目標の達成状況が不十分である
■…中期目標の達成のためには重大な改善事項がある	■…中期目標の達成のためには重大な改善事項がある

法人番号	法人名	教育研究等の質の向上の状況				業務運営・財務内容等の状況			
		教育	研究	社会貢献・国際化等	共同利用・共同研究	業務運営の改善及び効率化	財務内容の改善	自己点検・情報公開等	法令遵守・施設整備等
01	北海道大学	■	■	■	—	□	□	⊠	□
02	北海道教育大学	□	□	□	—	□	□	□	□
03	室蘭工業大学	□	□	□	—	□	□	□	⊠
04	小樽商科大学	□	□	□	—	□	□	□	□
05	帯広畜産大学	□	□	■	—	⊠	□	□	□
06	旭川医科大学	□	□	□	—	□	▨	□	□
07	北見工業大学	□	□	□	—	□	□	□	□

図終‐4　中期目標の進捗状況を示したもの

出典：文部科学省［2017：29］.

れることなどを説明している[3].

　第2に，進捗状況の示し方を工夫している例としては京都府の『京都府戦略的地震防災対策推進プラン』や文部科学省が作成している国立大学法人・大学共同利用機関法人の中期目標期間評価結果の法人別・項目別評定一覧などが挙げられる．これらの例は図終‐3と図終‐4のように，進捗状況を色分けして示すという方法をとっている点が特徴である．それによってどのように変化してきていて現在どのような状態にあるのかということが視覚的に理解できるようになっている．このような表示方法が効果的であるとされるのは，見た人が瞬時に理解できるからである．詳細は別の方法で示す必要があるが，最も重要な部分や特に伝えたい部分などについてはこのような方法が有効であると言える[4].

　ここで紹介した事例は評価ではなく情報発信や管理の側面が強いものである．しかし，業績測定を中心とする評価制度の特徴から考えると参考になる事例で

あると言える．このように，政策評価論の内部だけでなく，類似の分野や異な
る分野にも目を向けて取り入れられる要素を探すことも有益であると言える．

＋ 2．評価結果の効果的な報告が持つ可能性

　本書では，様々な想定利用者の中でも特に行政職員を対象とし，その改善策
として評価結果の報告方法を工夫することを提案した．しかし，このような評
価結果の報告方法は行政職員以外の主体にとっても役立つ可能性はある．本節
では，視覚的な面で工夫して情報を伝えることの可能性について述べる．

　政策評価論では近年，参加型評価などの評価への参加が注目されており，地
方自治体でも取り入れている例がある．参加型評価とは評価の専門家とそれ以
外の関係者が協働で行う評価であり，関係者とはサービスを受ける人々など評
価対象の政策に何らかの関わりを持つ人々を指している［源 2016：3］．評価の
過程に参加することで多様な関係者の間でコミュニケーションがなされ，それ
によって関係者や組織の行動変容やエンパワメントが生じ，政策の改善と社会
の変革が実現されるという特徴を持つものである［源 2016：ⅰ-ⅱ］．参加型評
価以外にも，外部評価に公募の委員だけでなく無作為抽出の市民を参加させる
という方法がとられることも増えてきている．一方で，評価制度の知名度が低
いことや，評価への市民の関心が低いことも課題の1つであり，市民に政策や
評価結果をどのように説明するかという点も重要である．

　このように，市民など専門家や行政職員以外の主体と評価との関わりを考え
る場合，政策やその評価についてどのように説明したり報告したりするのかを
考える必要がある．従来の方法では，多少工夫されているものであっても文章
が中心だが，アメリカ合衆国のビジネスコンサルティングであるフォレスター
(Forrester) によれば，1枚の図は1000語に値し，1分の動画は180万語に値す
るとも言われており，図や動画が伝えられる情報量は文字よりもはるかに多い．
本書は，自治体評価の現状や実現可能性を踏まえ，従来の方法に近いものとし

て報告書の改善に着目した．しかし，民間企業や諸外国の行政ではインフォグラフィックスなどの図表やイラスト中心のものや，動画など従来の報告書とは大きく異なるものの活用にも積極的である．動画の場合，日本の地方自治体では観光や移住，シティプロモーションなどの分野で宣伝のためのものは多数制作されているが，ある政策や制度などを説明するための動画は少ない．説明のための動画は解説動画（explainer video）と呼ばれており，注目も高まっているとされている［Hutchinson 2017：78；宣伝会議 Advertimes；simpleshow］．解説動画は複雑な結果や概念などの文章では伝わりにくい内容を短時間の動画で説明する手法であり，想定利用者の関心を引き付けて維持するという点で優れている．特に欧米ではインターネット時代におけるプレゼンテーションのための新しいツールとして注目されており，営業や販売促進，教育など様々な分野で活用されている[5]．

　自治体評価は行政職員による自己評価を中心とする評価制度であるから，行政職員を想定利用者として評価結果の報告方法を検討することの重要性は高い．しかし，それらは行政職員にしか使えないものではなく，内容面での工夫は必要だが，手法やツールとしては他の想定利用者を対象とする場合にも利用可能である．そのため，政策の評価においても情報を効果的に伝える方法を考えることは，行政職員による評価結果の利用促進だけでなく，多様な主体の参加による評価の質向上やアカウンタビリティなどの観点からも有意義であると考えられる．

＋ お わ り に

　本書では，行政職員を評価の過程に参加させることと評価結果の報告方法を工夫することによって行政職員の負担感を軽減し，評価への当事者意識を高めることが政策の質的改善につなげる上で有効であることを明らかにした．また，評価結果の報告方法については実践も踏まえて述べてきた．

　現代社会においては，政策に関わる主体が多様化しているとともに，成果を出すだけでなく，正確かつ客観的な形で成果を示し，それを踏まえて改善していくことの重要性が強調されている．そのような中で，政策の改善に役立つ情報をどのように収集して伝えるかということは評価制度の改善という枠内に留まるものではなく，政策をよりよいものにし，持続可能な社会を作っていく上で重要なことである．例えば地方創生においては，多様な関係者と連携し，外部有識者や事業に関係する地域住民・事業者などによる多角的な視点を取り入れて地方創生を推進し，経済・社会のニーズや環境に応じた政策を実施することが重要であるとされている［内閣府地方創生推進室 2019：4-6・19；まち・ひと・しごと創生本部 2020：39］．このように，多様な主体と行政が連携して積極的に参加してもらい，活発に意見やアイディを出したり議論したりする中で得た意見やアイディア，その他の情報などを政策形成に活かすことが求められている．つまり，多様な主体とともに政策の形成，実施，評価を行い，PDCA サイクルを回していくことが必要とされている．

　しかし，政策の効果は市場における経済活動の結果とは異なり，意識的に調査しなければわからない．また，公共部門には市場のような競争がないため，必要性の見直しや有効性のチェックとその改善は自然に実施されるものではない．そのため政策の評価には工夫が重要であり，評価以外の分野からも利用可能なものは取り入れていく必要がある．このようなことから，政策の質的改善のためのツールとして評価を捉え，評価を政策形成に役立つものにしていくための方法やツールを広い視野を持って研究することが重要であると言える．

　注
1）　可視化は見える化と表現されることも多い．
2）　例えば，第6章でとりあげた京都府舞鶴市の市民レビューでは評価を通じて市の取組みについて知ってもらうことやアピールすることも意識されている［木下 2018：246］．
3）　例えば祇園祭り，市内の子どもの数，姉妹都市の紹介，新設住宅着工の動向など直

近に実施された調査の結果や季節に応じたテーマをとりあげている.

4）　この表示方法は計画の進捗管理以外の分野でも活用されており，イギリスの栄養成分表示制度が有名である．食品の容器包装の正面など店の売り場に並べたときに消費者の目に入りやすい部分に，過剰摂取が心配される栄養素の情報が信号形式で表示されている．これによって注意すべき栄養素の数とそれぞれの程度が瞬時にわかるようになっており，健康を意識して食品を選択することを消費者に促している．

5）　地方自治体における動画の活用や解説動画の詳細については池田［2019c］を参照されたい．

あ と が き

　本書は，2020年3月に博士学位の授与を受けた博士学位論文「自治体評価における実用重視評価の可能性——評価結果の報告方法と評価への参加に着目して——」に加筆修正を施したものである．目標の達成状況や，過去の取組み・経験を踏まえて今後の実施方法などを見直していくことは個人のレベルでも行われており，関心も高いテーマだが，公共部門ではそれは当然に実施されることではなく，また困難も多いということから筆者は政策評価に関心を持ち，研究してきた．様々な地方自治体の評価制度を知り，実際に見る中で，政策の質的改善のためのツールとして評価を活用するためには行政職員にもっと注目すべきではないかという問題意識を持ち，本書のような研究を行うに至った．博士学位論文の完成に至るまでには，多くの方々のご指導やご支援を賜ってきた．この場を借りて特にお世話になった方々にお礼を申し上げたい．

　窪田好男先生には，筆者の指導教員として学部生の頃から長年ご指導を賜ってきた．窪田先生と出会ったことで自治体評価に興味を持ち，筆者の研究テーマとなった．また，筆者が就職するか大学院に進学するか迷っていたとき背中を押していただかなければ，筆者が研究者を志すことはなかっただろう．学部生の頃から様々な現場を見せていただくとともに，実践の機会も与えていただいた．公共政策学は現場に触れることで理解が深まる部分も多いため，現場を見ることは研究を進めていく上で欠かせない．さらに，実践の機会というのはもっと貴重なものだが，その機会を何度も与えていただいたことには本当に感謝している．また，そのような場での先生の姿を見て，研究者として地方自治体に関わり，政策の改善に取り組みたいという思いを持つようになった．筆者は負けず嫌いな性格で頑固だったり反論が多かったりする面もあるが，そのような筆者に長年にわたり熱心に指導していただいただけでなく，研究以外でも

多くの場面で支えていただいたことに心より感謝を申し上げたい.

　筆者が在籍していた京都府立大学では他にも多くの先生方にお世話になった.本書の特徴の1つでもある評価のイメージに関する研究を進める上では，公共政策学部福祉社会学科の石田正浩先生と森下正修先生のご指導が欠かせなかった.研究の構想はあったが心理学の知識は乏しい筆者に，文献を紹介していただいたり，アンケートのデザインについて何度もご指導いただいたりと大変お世話になった.直接の指導教員ではなく，専攻も異なる筆者に熱心にご指導いただいたことには心より感謝申し上げたい.また，その他にも様々な機会に多くの先生方からご指導やご助言をいただいたことにも感謝申し上げる.

　同志社大学大学院総合政策科学研究科の山谷清志先生には，筆者が大学院に入学して以来，様々な場面でお世話になった.特に，山谷先生が京都府立大学大学院で講師を務めておられる地域政策論特講では政策評価だけでなく地方自治など多くのことをご指導いただいた.日本における政策評価研究の第一人者である山谷先生に長年ご指導いただけたことは貴重な経験であり，心より感謝申し上げたい.

　日本公共政策学会と日本評価学会では研究発表の機会を多数いただき，また，日本公共政策学会関西支部では博士論文検討会で発表する機会をいただき，多くの先生方からご指導やご助言をいただいた.学会や研究会では，筆者自身の研究に対してご指導やご助言をいただけただけでなく，他の先生方のご報告から学ぶことや刺激を受けることも多く，貴重な経験であった.お世話になった先生方に厚くお礼申し上げる.

　また，本書を進める上では様々な調査にもご協力いただいた.宝塚市では負担感や評価のイメージに関するアンケートに何度も協力していただいいた.実際に評価表の作成を担当している施策・事業の担当課の職員を対象に調査する機会というのは重要だが大変貴重なものである.また，宝塚市では評価研修にもアシスタントとして関わらせていただいた.さいたま市と氷見市では業績スタットについてインタビューに応じていただいたり資料を提供していただいた.

ご協力いただいた行政職員の皆様に感謝の意を表する．また，評価者としての貴重な実践の機会をまだ未熟な部分も多い筆者に与えてくださった舞鶴市と宇治田原町にも感謝申し上げる．

　最後に個人的な話になるが，筆者の父は持病があったため，元気な間にせめて博士号を取得した姿を見せたいという思いを筆者は持っていた．筆者の父は自身も博士号を取得しており，民間企業で働きながら研究にも関心を持ち続けている人であった．筆者の研究分野とは全く異なるが，研究ということに関しては共感できる部分もあったし，筆者の研究も応援してくれていた．残念ながら父に博士号取得の報告をすることは叶わなかったが，きっと喜んでくれていることと思う．このような筆者の思いを汲んでご指導くださった窪田先生には心から感謝している．

　本書は筆者にとって初めての単著である．出版の機会を与えていただき，また，わかりやすくおもしろいものになるようご助言くださった晃洋書房編集部の丸井清泰氏と徳重伸氏に心から感謝申し上げたい．また，長い間支え続けてくれた家族にも感謝を伝えたい．

　　　2020年12月

　　　　　　　　　　　　　　　　　　　池 田 葉 月

初 出 一 覧

【序　章　評価の利用はなぜ進まないのか】
書き下ろし

【第 1 章　自治体評価の制度と課題】
書き下ろし

【第 2 章　自治体評価の負担感とイメージの関係】
池田葉月 [2018]「自治体職員の政策評価に対する認識と負担感との関係
──宝塚市におけるアンケート調査から──」『福祉社会研究』(18).
池田葉月 [2019]「自治体評価の負担感とイメージの関係──兵庫県宝塚
市におけるアンケート調査から──」『日本評価研究』19(3).

【第 3 章　地方自治体における評価結果の報告の現状と改善の可能性】
池田葉月 [2019]「自治体評価における評価結果の効果的な公表方法」『日
本評価学会　春季第16回大会発表要旨集録』.
池田葉月 [2019]「自治体評価に対するイメージの役職による共通点と相
違点」『日本評価学会　第19回全国大会発表要旨集録』.

【第 4 章　業績測定を中心とする評価制度への実用重視評価の導入可能性】
池田葉月 [2020]「業績測定を中心とする評価制度への実用重視評価の導
入可能性」『福祉社会研究』(20).

【第 5 章　自治体評価における業績スタットの可能性】
池田葉月 [2017]「PerformanceStat（業績スタット）の特徴と日本にお
ける事例」『日本評価学会　第18回全国大会発表要旨集録』.

【第 6 章　評価結果の効果的な報告の自治体評価における実践】
池田葉月・窪田好男 [2019]「公共政策の評価における評価結果の新しい

報告方法——視覚的要素を活用した報告書と日本発の政策評価動画——」
『京都府立大学学術報告　公共政策』(11).

【終　章　評価とデザインの可能性】
書き下ろし

資　　料

平成27年 4 月24日

資料 1　宝塚市　事務事業評価のレベルアップに向けて
　　　　──講義とワークで高める評価力──

事務事業評価のレベルアップに向けて──講義とワークで高める評価力──
研修　アンケート

　このアンケートは，効果的な研修やより良い評価制度の研究に役立てることを目的とするものです．ご回答いただきました内容は，今後の研究にのみ使用させていただきます．ご協力よろしくお願い申し上げます．

京都府立大学大学院　公共政策学研究科

窪田好男・池田葉月

1．所属している部署と役職を教えてください．

　　部署　_____

　　役職　_____

2．行政評価に関する研修についてお尋ねします．

　⑴ 本日の研修を 5 段階で評価してください．

　　　① とても良かった　　② 良かった　　③ 普通　　④ あまり良くなかった　　⑤ 良くなかった

　⑵ 今までにワークを含む研修を受講したことがありますか．①の場合はその内容と受講した場所も記入してください．

　　　① ある

　　　　内容：

　　　　場所：

　　　② ない

　⑶ ワークを含む研修と講義のみの研修ではどちらの方が効果があると思いますか．

　　　① ワークを含む研修　　② 講義のみの研修　　③ どちらも同じ

　⑷ 行政評価に関する研修はワークを含む方がよいと思いますか．

　　　① ワークを含む方がよい　　② 講義のみでよい

⑸ 本日のワークの感想を教えてください.

⑹ 行政評価に関する研修について，実施方法や内容などへの要望があれば記入してください.

⑺ 今までに受講したことがある研修の中で，特に印象に残っているものについて，そのテーマと内容，実施方法などについて教えてください.

テーマ：

内容：

実施方法：

裏へ→

→表より

3．行政評価に関する業務についてお尋ねします．

(1) 1つの事業の評価表を作成するのにかかる<u>平均的な時間</u>を教えてください．

　　　　　　　　　　分

(2) 評価表を作成する上で負担だと感じていることはありますか．

　① ある　→(3)へ

　② 評価表の作成は負担ではない　→(4)へ

(3) 評価表を作成する上で負担だと感じていることは何ですか．<u>当てはまるものをすべて選択</u>してください．③または⑤を選択した場合は<u>具体的な内容</u>を記入してください．

　① 作成しなければならない評価表の数が多い

　② 評価表の記載事項が多い

　③ 何をどのように書けばよいかよくわからない項目がある

　　（具体的に：　　　　　　　　　　　　　　　　　　　　　　　　　　　　　　　）

　④ 指標の設定

　⑤ その他（　　　　　　　　　　　　　　　　　　　　　　　　　　　　　　　　）

(4) 現在の宝塚市の評価表の様式を変更するとしたら，どのように変更してほしいですか．④を選択した場合は<u>具体的にどのように変更してほしいか</u>を記入してください．

　① 記載事項を減らす

　② 指標を設定せず，事務事業評価表に業務や予算の使途を詳細に記し，そこから成果を推定するという方法で評価を行う

　③ 何をどのように書けばよいかもっとわかりやすく示す

　④ その他（　　　　　　　　　　　　　　　　　　　　　　　　　　　　　　　　）

(5) 行政評価に関する業務を行う上で負担を感じますか．

　① 感じる　→(6)へ

　② 感じない　→(7)へ

(6) 具体的に何が負担ですか. 当てはまるものをすべて選択してください. ⑥を選択した場合は, 具体的に何が負担であるかを記入してください.

① 評価表の作成時に行政評価の主管部署との間で修正や確認の作業を繰り返さなければならないこと

② 評価表の作成以外に外部評価委員会やヒアリングの実施などによる事務量の多さ

③ 行政評価に関する業務が本来の業務に上乗せされていることによる事務量の多さ

④ 評価の難しさ

⑤ 類似の書類を複数作成しなければならいことによる徒労感

⑥ その他 （　　　　　　　　　　　　　　　　　　　　　　　　　　）

(7) あなたの部署で業務が特に忙しい時期はいつですか. 複数ある場合はすべて記入してください. また, 具体的にどのような業務で忙しいのかも記入してください.

	時　　期	業務内容
解答例	４月下旬から５月中旬	評価表の作成
1		
2		
3		
4		
5		

(8) 評価表の作成に類似・重複していると思う業務はありますか.

① ある　→(9)へ

② ない　→終了です

(9) 以下の３つの書類のうち, 評価表に類似・重複していると思うものはどれですか. 当てはまるものをすべて選択してください. ①から③以外にもある場合は④を選択し, 具体的に何が類似・重複しているのか記入してください.

① 予算要求に関する書類

② 決算に関する書類

③ 計画の進捗管理に関する書類

④ その他 （　　　　　　　　　　　　　　　　　　　　　　　　　　）

ご協力ありがとうございました.

資料2　行政評価に対する意識調査

　このアンケートは，宝塚市の職員が行政評価についてどのように考えているのかを調査し，よりよい評価の手法や制度の研究に役立てることを目的とするものです．ご回答いただきました内容は，今後の研究にのみ使用させていただきます．ご協力よろしくお願い申し上げます．

2017年4月14日
京都府立大学大学院　公共政策学研究科　窪田好男研究室

所属している部署と役職をお尋ねします．

　所属：　　　　　　部　　　　　　室　　　　　　課

　役職：

質問

1．政策評価について

　(1)以下の質問について「a．そう思う」から「e．そう思わない」の5段階で回答してください．

	質　　問	選択肢				
		そう思う	どちらかというとそう思う	どちらとも言えない	どちらかというとそう思わない	そう思わない
(1)	① 政策評価は計画の策定・進行管理に関する業務と類似・重複している	a	b	c	d	e
	② 政策評価は決算に関する業務と類似・重複している	a	b	c	d	e
	③ 政策評価は予算編成に関する業務と類似・重複している	a	b	c	d	e
	④ 評価表の様式は理解しやすく，何をどのように書けばよいかがすぐにわかる	a	b	c	d	e
	⑤ 政策評価はよりよい政策を立案・実施するためにどうすればよいかを考える作業である	a	b	c	d	e
	⑥ 政策評価は正確性が最も重要である	a	b	c	d	e
	⑦ 政策評価は歳出削減のためのものである	a	b	c	d	e
	⑧ 政策評価は行政が批判されるものである	a	b	c	d	e
	⑨ 政策評価は政策を廃止するためのものである	a	b	c	d	e
	⑩ 政策評価に関する業務の中心は評価表の作成である	a	b	c	d	e
	⑪ 作成した評価表やそこに書かれた評価結果は活用されている	a	b	c	d	e
	⑫ 外部評価は市民や知識経験者などの外部の視点に基づく意見や提案，評価を受けるものである	a	b	c	d	e
(2)	① 政策評価は必要であり，さらに積極的に取組むべきだ	a	b	c	d	e
	② 政策評価は必要であり，現状のままでよい	a	b	c	d	e
	③ 政策評価は必要だが，簡素化・縮小すべきだ	a	b	c	d	e
	④ 政策評価は必要ない	a	b	c	d	e
(3)	② 政策評価は主に企画や財政，行財政改革に関する部署が取り組むものであり，施策・事業の企画・立案や実施に取り組む担当課にとっては上乗せされたものである	a	b	c	d	e

(2) 評価結果をどの程度確認しますか. あてはまるものをすべて選択してください. また, ⑥を選択した場合は, ⑥-1, ⑥-2, ⑥-3の中からもあてはまるものを選択し, ⑦を選択した場合はカッコ内に具体的に記入してください.

① 評価表は確認しない

② 関心のある政策の評価表を確認する

③ 自分が所属している部署の評価表を確認する

④ 部署に関係なく自分が担当している業務に関連する評価表を確認する

⑤ 全ての評価表を確認する

⑥ 行政評価委員会の評価結果を確認する

　　⑥-1. 毎年確認する

　　⑥-2. 自分が関係している政策が評価対象になった年だけ確認する

　　⑥-3. 関心のある政策が評価対象となっている年だけ確認する

⑦ 宝塚市以外の自治体の評価結果も確認する（自治体名　　　　　　　　　）

2. 宝塚市の行政評価について

　宝塚市では施策を対象とする行政評価と事務事業を対象とする事務事業評価を実施しています. 以下では宝塚市の行政評価についてお尋ねします.

(1) 宝塚市のホームページで説明されている行政評価の目的としてあてはまるものをすべて選択してください. ⑦を選択した場合はカッコ内に具体的に記入してください.

① アカウンタビリティ（説明責任）を果たすこと　　④ 総合計画の進捗管理

② 政策を改善し, より効率的かつ効果的に実施すること　　⑤ 職員の意識改革

③ 専門知識を蓄積すること　　⑥ 歳出削減

(2) 宝塚市の行政評価における評価の視点としてあてはまるものをすべて選択してください. ⑦を選択した場合はカッコ内に具体的に記入してください.

① 施策の進行状況の把握　　⑥ 行政がアカウンタビリティ（説明責任）を果たしているか

② 施策を構成する事務事業の構成の適正性

③ 施策推進のための市民との役割分担の妥当性　　⑦ 施策に係る業務が法律に違反していないか

④ 市民の満足度　　⑧ 施策に係る業務に従事する職員の能力

⑤ 歳出削減

(3) 宝塚市の外部評価について以下の中から正しいと思うものを1つ選択してください.

① 外部評価は実施されていない　　④ 3年で全ての施策を評価している

② 毎年全ての施策を評価している　　⑤ 4年で全ての施策を評価している

③ 2年で全ての施策を評価している

資料3　評価のイメージについての調査

　このアンケートは，宝塚市の職員が施策評価や事務事業評価（以下，行政評価）に対してどのような イメージを持っているのか，また，どのように考えているのかを調査するものです．それによって， よりよい評価の手法や制度の研究に役立てることを目的としています．ご回答いただきました内容は， 今後の研究にのみ使用させていただきます．ご協力よろしくお願い申し上げます．

2018年4月20日

京都府立大学大学院公共政策学研究科窪田好男研究室

実施担当者：博士後期課程2回生　池田葉月

メールアドレス：k＊＊＊＊＊＊＊＊＊@kpu.ac.jp

問1　部署と役職をお尋ねします．
　　部署：＿＿＿＿＿＿部＿＿＿＿＿室＿＿＿＿＿課
　　役職：① 室長級　　② 課長級　　③ 係長級　　④ 係員　　⑤ その他（　　　　　　　）

問2　行政評価に関する業務の経験についてお尋ねします．行政評価に関する業務に関わったことは ありますか．②を選択した場合はa～dからあてはまるものをすべて選択し，その業務が現在何年 目かを記入してください．
　　① ない
　　② ある
　　　　a．評価表の作成に（　　　年）関わっている
　　　　b．行政評価委員会での説明・質疑応答に（　　　年）に関わっている
　　　　c．行政評価の事務局として（　　　年）関わっている，または過去に（　　　年）関わった
　　　　d．その他（　　　　　　　　　　　　　　　　　　　）に（　　　年）関わっている

問3　<u>行政における評価に限らず一般的な言葉として</u>，評価という言葉に対するイメージをお尋ねします．

問3-1　評価に対するイメージをプラスかマイナスのいずれかで表すとどうなりますか．①～⑤の中から<u>あてはまるものを1つ</u>選択してください．
　　①　マイナス　　　②　どちらかというとマイナス　　　③　どちらとも言えない
　　④　どちらかというとプラス　　　⑤　プラス

問3-2　その理由を記述してください．

理由

問4　<u>宝塚市の行政評価</u>に対するイメージをお尋ねします．

問4-1　行政評価に対するイメージをプラスかマイナスのいずれかで表してください．①～⑤の中から<u>あてはまるものを1つ</u>選択してください．
　　①　マイナス　　　②　どちらかというとマイナス　　　③　どちらとも言えない
　　④　どちらかというとプラス　　　⑤　プラス

問4-2　行政評価に対するイメージを<u>漢字1文字</u>で表現してください．

漢字

問4-3　その漢字を選択した理由を記述してください．

理由

問5　あなたが関わっている仕事の中で，行政評価に関する業務はどのような位置づけにあると考えますか．①～⑥の中からあてはまるものを1つ選択し，その理由を記述してください．
　　①　負担である　　　②　どちらかというと負担である　　　③　どちらとも言えない
　　④　どちらかというと負担ではない　　　⑤　負担ではない

理由

ページをめくらず，そのままお待ちください．

問6　行政における評価に限らず一般的な言葉として，評価という言葉に対するイメージを改めてお尋ねします．

問6‐1　研修を受講して，評価に対するイメージは変化しましたか．①～⑤の中からあてはまるものを1つ選択してください．

①マイナスに変化した　　　②どちらかというとマイナスに変化した　　　③変化していない

④どちらかというとプラスに変化した　　　⑤プラスに変化した

問6‐2　その理由を記述してください．

理由

問7　宝塚市の行政評価に対するイメージを改めてお尋ねします．

問7‐1　研修を受講して，行政評価に対するイメージは変化しましたか．①～⑤の中からあてはまるものを1つ選択してください．

①マイナスに変化した　　　②どちらかというとマイナスに変化した　　　③変化していない

④どちらかというとプラスに変化した　　　⑤プラスに変化した

問7‐2　行政評価に対するイメージを改めて漢字1文字で表現してください．先ほどと同じ漢字の場合は回答いただかなくてもかまいません．

漢字

問7‐3　その漢字を選択した理由を記述してください．

理由

問8　本日の研修の感想や改善してほしい点などを自由に記述してください．

ご協力ありがとうございました．

資料4　評価のイメージと結果の公表方法に関する調査

　このアンケートは，宝塚市の職員が施策評価や事務事業評価（以下，行政評価）を実施した結果を
どの程度確認しているのか，また，どのようなものであれば評価結果をより効果的に伝えることがで
きるのかを調査するものです．それによって，よりよい評価の手法や制度の研究に役立てることを目
的としています．ご回答いただきました内容は，今後の研究にのみ使用させていただきます．ご協力
よろしくお願い申し上げます．

2019年4月23日

京都府立大学大学院　公共政策学研究科　窪田好男研究室

実施担当者：博士後期課程3回生　池田葉月

メールアドレス：k*********@kpu.ac.jp

問1　部署と役職をお尋ねします．

部署：＿＿＿＿＿＿＿＿＿＿部　＿＿＿＿＿＿＿＿室　＿＿＿＿＿＿＿＿課

役職：1　室長級　　　　2　課長級　　　　3　係長級　　　　4　係員　　　　5　その他（　　　　　）

問2　宝塚市の行政評価に対するイメージをお尋ねします．

問2-1　行政評価に対するイメージをプラスかマイナスのいずれかで表してください．

　1～5の中からあてはまるものを1つ選択してください．

　1　マイナス　　　　　2　どちらかというとマイナス　　　　3　どちらとも言えない

　4　どちらかというとプラス　　　　5　プラス

問2-2　行政評価に対するイメージを漢字1文字で表現し，その理由を記述してください．

漢字	理由

問3　あなたが関わっている仕事の中で，行政評価に関する業務はどのような位置づけにあると考え
ますか．

　1～5の中からあてはまるものを1つ選択し，その理由を記述してください．

　1　負担である　　　　2　どちらかというと負担である　　　　3　どちらとも言えない

　4　どちらかというと負担ではない　　　　5　負担ではない

理由

裏へ

表より

問4　行政評価を実施した後，その結果をどの程度確認しますか.

　　1～12についてあてはまる場合は○，あてはまらない場合は×を記入してください.

選択肢	回答(○／×)
1　担当業務の事務事業評価表のみを読む	
2　選択肢1に加えて担当業務に関連する事務事業評価表も読む	
3　担当しているかどうかに関係なく全ての事務事業評価表を読む	
4　事務事業評価表は読まない	
5　担当業務の施策の評価表のみを読む	
6　選択肢5に加えて担当業務に関連する施策評価表も読む	
7　担当しているかどうかに関係なく全ての施策評価表を読む	
8　施策評価表は読まない	
9　行政評価委員会の評価結果のうち担当業務の部分のみを読む	
10　選択肢9に加えて行政評価委員会の評価結果のうち担当業務に関連する部分も読む	
11　担当しているかどうかに関係なく行政評価委員会の評価結果を全て読む	
12　行政評価委員会の評価結果は読まない	

問5　宝塚市では行政評価を実施した後，事務事業評価表と施策評価表，行政評価委員会の評価結果
　　を市ホームページで公表しています.現在の公表方法についてどのように考えますか.1～3の中
　　からあてはまるものを1つ選択し，その理由を記述してください.

　　1　現在の方法でよい　　　　2　もう少し工夫があってもよい　　　3　改善するべきである

理由

問6　評価結果を知りたいと思ったとき，どのようなもので確認したいですか.

　　1～5についてあてはまる場合は○，あてはまらない場合は×を記入してください.

選択肢	回答(○／×)
1　評価対象の施策・事務事業や評価の理由などが文章で詳しく説明されているものを読みたい	
2　まずは1～2ページで簡潔にまとめられたものを読み，その後必要に応じて詳しいものを読みたい	
3　1～2ページで簡潔にまとめられたものだけで確認したい	
4　図表や色を活用するなど視覚的な面で工夫されたものを読みたい	
5　動画で確認したい	
6　報告書や評価表の読み方，評価結果の導出方法など前提となることを説明したものがほしい	
7　必要な情報をどこから得られるのかをわかりやすく示したものがほしい	

問7　本日の研修の感想や改善してほしい点などを自由に記述してください.

　　　　　　　　　　　　　　　　　　　　　　　　　　　　ご協力ありがとうございました.

資料5　平成30年度　宇治田原町行政評価ヤングレビュー会議

報告書1　評価結果と改善に向けたアイディア
京都府立大学公共政策学部　窪田好男研究室
平成31年2月

この報告書の見方

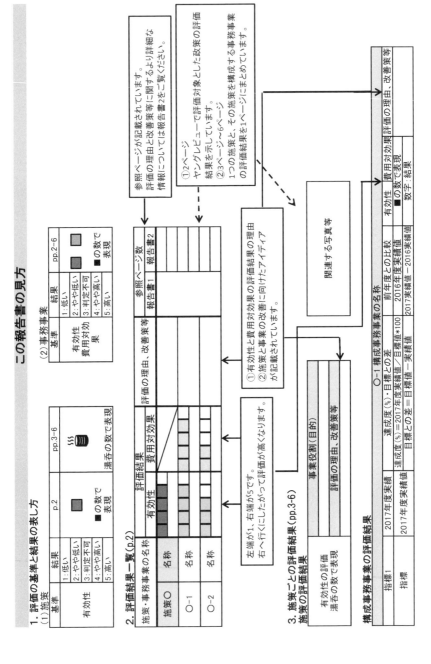

評価結果一覧

施策	施策・事務事業の名称	評価結果 有効性	評価結果 費用対効果	評価の理由、改善策等	参照ページ数 報告書1	報告書2
施策1	令だけ、ここだけ、貴方だけ観光推進事業	4 やや高い	—	・目的は十分に評価できる ・今後はポータルサイトの改善や観光地までの道中・周辺の魅力向上が必要である	3	16・18-20
1-1	末山・くつわ池自然公園推進事業費	4 やや高い	4 やや高い	・実施内容との関係性については判断が難しい部分もある ・町外の利用者が多いことから、観光推進には有効であると評価する		2・5
1-2	観光まちづくり推進事業費	4 やや高い	4 やや高い	・ポータルサイトは、アクセシビリティや宿泊情報などの面で改善が必要である ・SNSの利用も有効ではないか		2・6
1-3	お茶の京都交流拠点整備推進事業費	5 高い	5 高い	・ハード整備に一定の費用がかかるのは仕方ない面もあり、必要性は認める ・ただし、今後は付加価値を高めるための工夫が必要である		3・6-7
1-4	お茶の京都推進事業費	4 やや高い	2 やや低い	・指標の意味がわかりにくい ・費用対効果がかかりすぎているのではないか		3・7-8
施策2	移住IMO創造事業	4 やや高い	—	・宇治田原町の認知度を向上させることの重要性は認める ・しかしターゲットの限定（宇治田原町への移住のメリットの発信）も必要である	4	16・21-23
2-1	空き家等総合対策事業費	5 高い	4 やや高い	・社会的にも重要な問題である ・適切な手順を踏んでいると言える		3・8
2-2	「ハート」のまちPR事業費	4 やや高い	4 やや高い	・町の魅力を内外に発信できている ・移住希望者の相談件数をさらに伸ばしていくことが有効ではないか		3・9
2-3	まちのマスコット「茶ッピー」活用事業費	2 やや低い	2 やや低い	・茶ッピーが何を表しているキャラクターなのかがわからない点が最大の問題 ・茶ッピーに対する理解度・認知度を向上させるための工夫が必要である		3・9-10
2-4	町内企業就業推進事業費	4 やや高い	4 やや高い	・移住促進は、仕事があることは重要である ・町外でも説明会を開催する、開催回数を増やすなどやすくする必要ではないか		3・10
施策3	企業サテライトオフィスの誘致から広がる持続可能な地域づくり事業	2 やや低い	—	・施策と事務事業の関連性が低い ・実際の誘致に向けてはターゲットの限定や利用可能な場所の提示などが必要	5	17・23-25
3-1	コミュニティバス運行支援事業費	5 高い	2 やや低い	・公共交通の確保という点から有効性が高いと言える ・利用者数増加の要因は副次的なものであるため、有料化の検討なども必要		4・10-11
3-2	公共交通利用推進事業費	4 やや高い	3 判定不可	・子どもたちが交通について考える良い機会にはなっている ・今後は、利用者の声を拾って改善していくような取組みが必要である		4・11
3-3	町内雇用促進助成事業費	4 やや高い	4 やや高い	・職場近接という現代のニーズとある程度は一致する ・しかし費用が高いため、助成金以外の方法も考えた方がよい		4・11-12
3-4	寺子屋「うじたわら学び塾」運営事業費	4 やや高い	4 やや高い	・目的やコンセプトは評価できる ・調書だけでは実施内容がわからないという点は改善が必要である		4・12
3-5	奥山田化石ふれあい広場推進事業費	3 判定不可	3 判定不可	・まだ実施されていないため、判定不可 ・誘致面での工夫が重要であり、体験型の取組みが良いのではないか		4・12-13
施策4	「やんたん未来プラン」にそれいづく施設整備事業	4 やや高い	—	・今後への期待を込めており、施設の有効性に対する評価は高い ・ただし、体験ではなく物販などどのように展開していくかが非常に重要	6	17・13-14・25-27
4-1	お茶の京都交流拠点整備促進事業	4 やや高い	3 判定不可	・今後への期待を込めて評価しており、現段階では評価高い ・ただし、今後、何をどのように実施していくかが重要である		

施策1 今だけ、ここだけ、貴方だけ観光推進事業

施策の評価結果

有効性：4 やや高い

事業役割（目的）	評価の理由、改善策等
・「お茶の京都基本構想」に基づくⅡお茶の京都マスタープラン」を策定する ・戦略的な交流拠点づくり ・地域資源のネットワーク化による質の高い周遊ルートの構築 ・お茶をテーマとした広域観光・地域活性化に係るDMO事業	・目的は十分に評価できる ・今後はポータルサイトの改善や観光地までの道中・周辺の魅力向上が必要

構成事務事業の評価結果

1-1 末山・くつわ池自然公園事業費

指標1	2017年度実績	達成度（%）・目標との差	前年度との比較	有効性	費用対効果	評価の理由、改善策等
公園利用者数	10,613人	91.7 -957人	10,350人 +263人	4 やや高い	4 やや高い	・公園の整備と観光推進の関係性は判断が難しい。しかし、町外の利用者が多いための観光推進に有効であると評価する

1-2 観光まちづくり推進事業費

指標1	2017年度実績	達成度（%）・目標との差	前年度との比較	有効性	費用対効果	評価の理由、改善策等
観光入込客数	150,558人	101.0 +1,558人	136,434人 +141,124人		4 やや高い	・ポータルサイトは、アクセシビリティや宿泊情報などの面で改善が必要である ・ポータルサイトの閲覧者数という指標も設定してはどうか ・SNSの利用も有効ではないか
指標2 観光消費額	117,039,000円	88.7 -14,961,000円	120,270,000円 -3,231,000円	4 やや高い		

1-3 お茶の京都交流拠点整備推進事業費

指標1	2017年度実績	達成度（%）・目標との差	前年度との比較	有効性	費用対効果	評価の理由、改善策等
永谷宗円生家への入込数	2,880人	115.2 +380人	2,020人 +860人	5 高い	5 高い	・ハード整備であるため、一定の費用がかかるのは仕方ない面もあり、必要性は認められる ・ただし、今後は付加価値を高めるための工夫が必要である
指標2 茶畑展望台への来客数	0人	目標未設定	記載なし			

1-4 お茶の京都推進事業費

指標1	2017年度実績	達成度（%）・目標との差	前年度との比較	有効性	費用対効果	評価の理由、改善策等
関係団体の事業への関わり	8団体	400.0 +6団体	記載なし	4 やや高い	2 やや低い	・指標の意味がわかりにくい ・費用がかかりすぎているのではないか

施策2 移住IMO創造事業

施策の評価結果

有効性:4 やや高い

事業役割(目的)
・京都府と連携し、移住促進体制(IMO)を構築する
・大学生等と連携しチームを設置し、町内の高校生や大学生を対象とした就業支援、定住支援事業、お茶を活かした移住促進策を実施する

評価の理由、改善策等
・宇治田原町の認知度を向上させることの重要性は認める
・しかしターゲットの限定や宇治田原町への移住のメリットの発信などが必要

構成事務事業の評価結果

2-1 空家等総合対策事業費

指標	2017年度実績	達成度(%)・目標との差・前年度との比較	有効性	費用対効果	評価の理由、改善策等
指標1 空家バンク登録件数	8件	達成度 80.0／目標との差 −2件／前年度との差 +7件（1件）	5 高い	4 やや高い	・社会的にも重要な問題である ・適切な手順を踏んでいると言える
指標2 特定空家等補物件の除却支援件数	記載なし	達成度 目標未設定／前年度との差 記載なし			

2-2「ハート」のまちPR事業費

指標	2017年度実績	達成度(%)・目標との差・前年度との比較	有効性	費用対効果	評価の理由、改善策等
指標1 移住希望者相談件数	12件	達成度 120.0／目標との差 +2件／前年度との差 記載なし	4 やや高い	4 やや高い	・町の魅力を内外に発信できている ・移住希望者の相談件数をさらに伸ばしていくことが有効ではないか
指標2 移住者数	27人	達成度 67.5／目標との差 −13人／前年度との差 記載なし			

2-3 まちのマスコット「茶ッピー」活用事業費

指標	2017年度実績	達成度(%)・目標との差・前年度との比較	有効性	費用対効果	評価の理由、改善策等
指標1 茶ッピーグッズ販売実績	25,000円	達成度 25.0／目標との差 −75,000円／前年度との差 −63,000円（88,000円）	2 やや低い	2 やや低い	・茶ッピーが何を表しているキャラクターなのかがわからないという点が最大の問題である ・販売実績も低い
指標2「ゆるキャラランプリ」の順位	452位	達成度 88.5／目標との差 −52位／前年度との差 −36位（416位）			・茶ッピーに対する理解度・認知度を向上させるための工夫が必要である

2-4 町内企業就業推進事業費

指標	2017年度実績	達成度(%)・目標との差・前年度との比較	有効性	費用対効果	評価の理由、改善策等
指標1 就業支援説明会への参加者数	44人	達成度 88.0／目標との差 −6人／前年度との差 +11人（33人）	4 やや高い	4 やや高い	・移住を促進する上で仕事があることは重要である ・町外でも説明会を開催する、開催回数を増やすなどが必要
指標2 本事業への参加者の町内企業への採用実績	5人	達成度 100.0／目標との差 ±0人／前年度との差 +2人（3人）			

施策の評価結果

有効性：2　やや低い

施策3　企業サテライトオフィスの誘致から広がる持続可能な地域づくり事業

事業役割（目的）

・人材育成と働く場の創出に関する事業を総合的に展開する
・過疎地域の住民が安心して住み続けられるモデルケースとして府内全体に波及させる

評価の理由、改善策等

・施策と事務事業の関連性が低い
・実際の誘致に向けては、ターゲットの限定や利用可能な場所の提示などが必要

構成事務事業の評価結果

3-1　コミュニティバス運行支援事業

			有効性	費用対効果
			5　高い	2　やや低い

指標	2017年度実績	達成度（%）・目標との比較	評価の理由、改善策等
指標1 コミュニティバスの利用人数	16,226人	10,131人 / 目標未設定 / +6,095人	・公共交通の確保という点からは、有効性が高いと言える ・しかし、利用者数の増加は副次的な理由によるものであるため、有料化の検討なども必要である

3-2　公共交通利用促進事業

			有効性	費用対効果
			4　やや高い	3　判定不可

指標	2017年度実績	達成度（%）・目標との比較	評価の理由、改善策等
指標1 公共交通会議の開催	3回	4回 / 100.0 / ±0.0 / 一1回	・子どもたちが公共交通について考えるいい機会にはなっている ・今後は、利用者の声を拾ってなどに活かしていくような取組みも必要である ・公共交通の利用者数という指標も必要である
指標2 利用促進事業の実施（参加者数）	83人	記載なし / 166.0 / +33人	

3-3　町内雇用促進助成事業

			有効性	費用対効果
			4　やや高い	2　やや低い

指標	2017年度実績	達成度（%）・目標との比較	評価の理由、改善策等
指標1 新規雇用者数	7人	6人 / 140.0 / +2人	・職は近接というニーズとはある程度一致する ・しかし費用が高いため、助成金以外の方法も考えた方がよい

3-4　寺子屋こどもわか塾1運営事業

			有効性	費用対効果
			4　やや高い	4　やや高い

指標	2017年度実績	達成度（%）・目標との比較	評価の理由、改善策等
指標1 学び塾への参加延べ人数（夏の学校と冬の学校）	530人	613人 / 88.3 / 一70人 / 一83人	・目的やコンセプトは評価できる ・調査だけでは実施内容がわからないという点からは改善が必要である ・実施方法や実施内容が重要である
指標2 学び塾の参加実人数（夏の学校）	703人	127人 / 545.0 / +574人 / +576人	

3-5　奥山田化石ふれあい広場整備事業

			有効性	費用対効果
			3　判定不可	3　判定不可

指標	2017年度実績	達成度（%）・目標との比較	評価の理由、改善策等
指標1 ふれあい広場への来客数	0人	記載なし / 0.0 / 一250人	・まだ実施されていないため、判定不可 ・誘客面での工夫が重要であり、体験型の取組みが必要である

施策4 「やんたん未来プラン」にぎわいづくり施設整備事業

施策の評価結果

有効性：4　やや高い

事業役割（目的）

・学びと交流、情報発信の拠点を整備し、宇治田原町への来訪者を増加させる

評価の理由、施設の理由、改善策等

・今後に対する期待も込められており、施設の有効性に対する評価は高い
・ただし、体験やイベント、物販を今後どのように展開していくかが非常に重要

4-1 お茶の京都交流拠点整備推進事業費

有効性	費用対効果
4　やや高い	3　判定不可

評価の理由、改善策等

・今後への期待を込めて有効性はやや高いと評価する
・ただし、今後何をどのように実施していくかが重要である
・費用対効果については現時点では判定できない

構成事務事業の評価結果

	2017年度実績	達成度（%）・目標との差	前年度との比較
指標1 永谷宗円生家への入込数	2,880人	115.2　+380人	2,020人　+860人
指標2 茶畑展望台への来客数	0人	目標未設定	記載なし

資料6　定住促進関連事業の実用重視評価によるプログラム評価

京都府立大学公共政策学部

教授・上級評価士　窪田好男

博士後期課程2回生　池田葉月

1. 集落の教科書について

集落の教科書とは

移住を検討している人や移住を決めた人に対して、その地域で暮らす上で必要なルールを説明し、
移住者の獲得と定住促進を目指す情報発信ツール

☆ポイント1:「良いこともそうでないこともちゃんと伝える」
　　　　　→田舎で暮らすとはどういうことなのかを正確に伝え、移住者と地域の間のミスマッチを防止する

☆ポイント2:ルールの濃さを表すアイコン
　　　　　→どの程度遵守すべきか、必ず覚えておくべきものはどれかを判断できる
　　　　　　読みやすくなり、理解が促進される

ルールの
濃さを表現

強いルール　ゆるいルール　慣例や風習　消えつつあるルール

集落の教科書が必要とされる背景

①人口減少
　・南丹市の転出者は一貫して増加傾向にあり、2014年には転出超過になった

②移住者がなかなか増加しない
　・地域の良い点や魅力を発信していても移住者の増加にはつながっていない
　・移住者と地域の間のミスマッチによる移住の失敗事例も存在する

一方で・・・
　・若い世代の田園回帰の意識は高まっている
　・3大都市圏に居住している20代の人々と人口5万人未満の市町村における60～70代の人々はともに田舎
　　暮らしや地方への移住に対する関心が高い

（南丹市人口ビジョンより作成）

（国土交通省による調査）

作成のプロセス

①集落の教科書作成に対する地域での合意形成
　→住民が主体的に取り組み、移住者に選択してもらえる
　　地域を自分たちで作っていくことが重要

②地域のキーパーソンや住民へのインタビュー
　→どのようなルールがあるのかを明らかにする
　　地域との信頼関係を構築しておくことが重要

まちづくりに取り組むNPOや地域おこし協力隊が
・調査のコーディネート
・会議でのファシリテーション
・編集に必要なスキル　　　などをサポート

③編集
　→どのルールを掲載するか、どのような表現やデザインにするかなどを検討する
　　疑問や反対の意見が出ることもあるが、根気強く説明して全員が納得することが重要

④完成!
　→ルールに変更があれば教科書も随時変更していく

2. 評価結果

評価の枠組み

実用重視評価（Utilization-Focused Evaluation）の手法を用いて評価し、評価結果を報告書と動画で発信する

①評価対象事業を選定
　定住促進関連事業の中から集落の教科書の作成を選定
②インタビュー
　・事業担当者：事業の概要や目的を調査する
　・作成に取り組んだ地域のキーパーソン：作成のプロセスや苦労した点、実感している効果などを調査する
　・移住体験中の方：移住を考えたきっかけや集落の教科書に対する考えなどを調査する
　・他地域での事例（石川県七尾市）：一般化可能性（外的妥当性）を検討する
③文章中心の報告書、ビジュアル面も重視した報告書、動画によって評価結果を発信

目的の実現‥‥実現している

目的：移住者と地域の間でミスマッチが生じることを防止するとともに移住者を獲得し、定住を促進すること

効果①多くの人に同じように伝えることができる
　　・口頭で説明すると人によって内容や説明の程度に差が生じる
　　・文書の形にまとめたものがあれば聞くだけでなく見て理解でき、何度も確認できる

効果②移住者が増加した
　　・中世木地域には10組程度の移住者が来た
　　・集落の教科書をインターネット上で見て、世木地域で現在移住体験中の人もいる
　　・KPIとして設定されている空き家活用件数と移住相談件数も増加している

副次的効果‥‥あり
弊害‥‥なし

副次的効果：自分の集落と他の集落のルールの違いや、自分の集落のルールの意義を改めて確認できる

※七尾市で確認できたその他の副次的効果
①作成した集落の教科書や作成のプロセスで得たり学んだりしたことは地域おこし協力隊としての今後の
　活動にも役立つと感じている
②石川県や移住者向けのサイトからも取材を受けており、七尾市に対する市外からの注目が高まっている

※予想される弊害
①「良いことではない」点を示すことで移住者が来なくなってしまう
②口頭で伝えられてきたルールを文章化することによって必要以上にとらわれてしまう
③適切に文章化できず、不正確なルールが広まってしまう

一般化可能性（外的妥当性）‥‥あり

普及状況
①南丹市内：日吉町世木地域、美山町北村、美山町宮島地区、園部町摩気地域
②南丹市外：宮城県丸森町、石川県七尾市、亀岡市保津町、香川県財田町

→南丹市外でもある程度普及しており、一般化可能性（外的妥当性）はあると言えるが、高いとは言えない
　作成には相当の時間と労力を要することと、予算とのバランスは阻害要因となっている可能性がある

資料7　参加型評価・実用重視評価による少子化対策推進事業のプログラム評価

京都府立大学公共政策学部

教授・上級評価士　窪田好男

博士後期課程3回生　池田葉月

博士前期課程1回生　巻野友彦

1. 少子化対策推進事業について

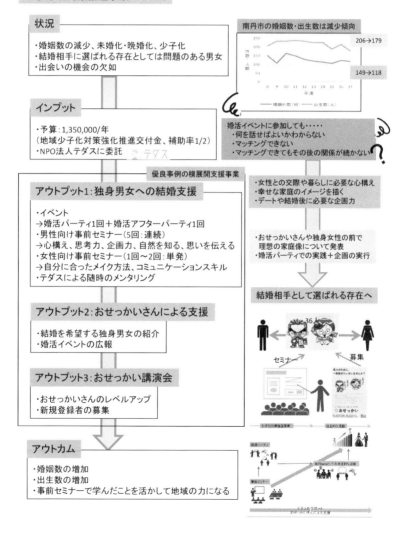

状況

・婚姻数の減少、未婚化・晩婚化、少子化
・結婚相手に選ばれる存在としては問題のある男女
・出会いの機会の欠如

南丹市の婚姻数・出生数は減少傾向
206→179
149→118

インプット

・予算：1,350,000/年
（地域少子化対策強化推進交付金、補助率1/2）
・NPO法人テダスに委託

婚活イベントに参加しても・・・・・
・何を話せばよいかわからない
・マッチングできない
・マッチングできてもその後の関係が続かない

優良事例の横展開支援事業

アウトプット1：独身男女への結婚支援

・イベント
→婚活パーティ1回＋婚活アフターパーティ1回
・男性向け事前セミナー（5回：連続）
→心構え、思考力、企画力、自然を知る、思いを伝える
・女性向け事前セミナー（1回～2回：単発）
→自分に合ったメイク方法、コミュニケーションスキル
・テダスによる随時のメンタリング

・女性との交際や暮らしに必要な心構え
・幸せな家庭のイメージを描く
・デートや結婚後に必要な企画力

・おせっかいさんや独身女性の前で
　理想の家庭像について発表
・婚活パーティでの実践＋企画の実行

アウトプット2：おせっかいさんによる支援

・結婚を希望する独身男女の紹介
・婚活イベントの広報

結婚相手として選ばれる存在へ

36人

セミナー　　募集

アウトプット3：おせっかい講演会

・おせっかいさんのレベルアップ
・新規登録者の募集

アウトカム

・婚姻数の増加
・出生数の増加
・事前セミナーで学んだことを活かして地域の力になる

本研究は南丹市市民提案型まちづくり活動支援交付金（大学提案枠）を受けて実施したものです

2. 評価結果

57.0%　いずれは結婚したい　48.4%
29.7%　交際相手と知り合えれば結婚を希望する　37.0%
24.9%　出会いの場・婚活イベントの提供を　29.6%
　　　　行政に期待する

京都府少子化要因実態調査（2014年度）
南丹地域（亀岡市・南丹市・京丹波町）の結果

必要性‥‥あり
- ニーズがある
- 民間事業者が少ない

・民間事業者は人口の多い都市部に集中する傾向
・京都府にある大手5社の店舗数は5（参考：大阪府は11、東京都は25）

大阪府による調査（2017年9月）

2017年度

実施内容	回数・人数	費用	成果
事前セミナー	男性向け:5回 女性向け:1回 延べ参加人数:48人	659,000円 1回あたり109,833円	セミナー＋婚活パーティー ＋連絡先交換成立:1組
婚活イベント	男性:18人 女性:17人	395,000円 1人あたり11,286円	
婚活応援協力者ネットワーク活動		152,000円	

2018年度

実施内容	回数・人数	費用	成果
事前セミナー	男性向け:4回 女性向け:1回 延べ参加人数:27人	540,000円 1回あたり108,000円	セミナー＋婚活パーティー ＋連絡先交換成立:6組
婚活イベント	男性:24人 女性:20人	475,200円 1人あたり10,800円	
婚活応援協力者ネットワーク活動		5,9400円	

有効性
- 結婚相手として選ばれる可能性を高める取組みを実施
- 事前セミナーの参加者に変化が見られた
- 3組が成婚し、市内に定住

課題
- セミナーの受講者数が定員を下回っている
- セミナーへの参加と婚活パーティーでの連絡先交換成立数、交際開始、成婚の関連性はより高められる余地がある

事前セミナー参加者に見られた変化
- 人前でプレゼンできるようになった
- 他者と協力して物事に取り組めるようになった
- 社交性が高まった
- マッチング率：2回目の参加者＞1回目の参加者

成婚：3組
南丹市に定住

南丹DANによる活動
- 事前セミナー修了者による自主的な活動
- 独自の婚活イベントを開催（ハイキング＋BBQ）
- 婚活アフターパーティーをテダスと共催
※南丹DANとは男性向け事前セミナーの修了者による自主的な活動団体。現在9人が所属。

正の外部性（副次的効果）‥‥あり
負の外部性（弊害）‥‥なし
- 南丹DANの活動は、受託事業が終了しても活動を継続していける可能性を示している
- 特定の価値観を押し付けるなどの問題は生じていない

・兵庫県上郡町で婚活イベントに関わった職員
→婚活イベントの参加者にはコミュニケーションや発表などが苦手な人が多く、丁寧なサポートの必要性を実感した

・内閣府の事例集でとりあげられているものとの共通点
→事前セミナーの実施、丁寧な個別サポート、婚活パーティを実践の場として位置付ける
※新発田市・胎内市・聖籠町定住自立圏結婚支援事業
※KOIBANA会員等に対するマリッジデザイン構築支援事業

外的妥当性（一般化可能性）‥‥あり

結婚支援のポイント
・婚活イベント前のセミナーの充実
→テダスでは特に男性向けセミナーを重視。5回でワンセットであり、パーティは学んだことの実践の場。
・メンタリングなどの丁寧かつ長期的な個別のサポート

参 考 文 献

【邦文献】

足立幸男 [2005]『政策学的思考とは何か──公共政策学言論の試み──』勁草書房.

─── [2009]『公共政策学とは何か』ミネルヴァ書房.

池田謙一 [2010]「人の心は社会とどうつながりあうのか」, 池田謙一・唐沢穣・工藤恵理子・村本由紀子編『社会心理学』有斐閣.

池田葉月 [2015]「宝塚市行政評価制度に関する業務と研修についての調査──ワークを含む研修の効果についての認識と行政評価に関する業務の実態──」.

─── [2017]「宝塚市職員の行政評価に対する意識調査　報告書」.

─── [2018a]「自治体職員の政策評価に対する認識と負担感との関係──宝塚市におけるアンケート調査から──」『福祉社会研究』18.

─── [2018b]「地方自治体における評価情報の公表方法──近畿地方2府5県の都道府県・市町村の調査から──」『第14回京都から発信する政策研究交流大会　発表論文集』.

─── [2018c]「日本における業績スタット」『京都府立大学学術報告　公共政策』(10).

─── [2019a]「評価研修におけるワークの難しさと座学の重要性──評価の改善によるよい政策の実現を目指して──」『福祉社会研究』19.

─── [2019b]「自治体評価の負担感とイメージの関係──兵庫県宝塚市におけるアンケート調査から──」『日本評価研究』19(3).

─── [2019c]「政策の説明における動画活用の可能性──舞鶴市　市民レビューへの参加者増加のための提案──」『第15回京都から発信する政策研究交流大会発表論文集』.

池田葉月・窪田好男 [2019]「公共政策の評価における評価結果の新しい報告方法──視覚的要素を活用した報告書と日本発の政策評価動画──」『京都府立大学学術報告　公共政策』11.

岩渕公二 [2013]「制度と体制の諸相──岩手県の評価──」『日本評価研究』12(3).

上野宏・上野真城子 [2008]「パフォーマンス・メジャーメント」, 三好皓一編『評価論を学ぶ人のために』世界思想社.

上山信一 [1998]『「行政評価」の時代──経営と顧客の視点から──』NTT 出版.

─── [1999]『「行政経営」の時代──評価から実践へ──』NTT 出版.

宇治田原町 [2018]『宇治田原町第6次行政改革大綱』.

大住荘四郎 [2002]『パブリック・マネジメント──戦略行政への理論と実践──』日本評論社.

─── [2010]『行政マネジメント』ミネルヴァ書房.

大森彌 [1987]『自治体行政学入門』良書普及会.

岡本哲和［2016］「政治と情報」，森本哲郎編『現代日本の政治──持続と変化──』法律文化社.

──────［2017］『日本のネット選挙──黎明期から18歳選挙権時代まで──』法律文化社.

小野達也［2016］「自治体における業績測定型評価の現状と課題──20年を経過した都道府県の取り組みの点検から──」『日本評価研究』16(1).

──────［2018］「ロジックモデルを用いた評価指標の設定──業績測定の実効性の向上に向けて──」，『評価クォータリー』46.

閣議決定［2015.6.30］「経済財政運営と改革の基本方針2015──経済再生なくして財政健全化なし──」.

金井利之［2010］『実践自治体行政学　自治基本条例・総合計画・行政改革・行政評価』第一法規.

亀田達也・村田光二［2000］『複雑さに挑む社会心理学〔改訂版〕』有斐閣.

唐沢穣［2010］「態度と態度変化」，池田謙一・唐沢穣・工藤恵理子・村本由紀子編『社会心理学』有斐閣.

川越市［2014］「メディアを活用した効果的な広報戦略」.

ガバナンス編集部［2010］「特別対談企画（3）大井川和彦×上山信一『見える化』と『気づき』で行政改革の推進を」『ガバナンス』(106).

──────［2011］「市民目線で行政情報をわかりやすく『見える化』──さいたま市──」『ガバナンス』(122).

岸本哲也［2003］「政策の透明性の増加はなにをもたらすか」『公共政策研究』3.

北大路信郷［2009］「改善改革運動──PDCA の見える化──」『住民行政の窓』336.

北川雄也［2018］『障害者福祉の政策学──評価とマネジメント──』晃洋書房.

木下尚子［2018］「『株式会社舞鶴市役所』の行財政改革」『地方財政』57(2).

京都市［2008a］「平成20年度（2008年度）第2回京都市政策評価委員会摘録」.

──────［2008b］「まるわかり！　京都市の政策評価結果」.

──────［2015］「知らなきゃ損!!　こんなに進んだ京都のまちづくり　京都市政報告書」.

──────［2018a］「京都市市民生活実感調査票【日本語：調査票A】」.

──────［2018b］「平成30年度　京都市政策評価委員会　会議資料」.

──────［2019］「数字でわかる『京都市政報告書』」.

京都府［2018］「平成30年度予算案（平成29年度2月補正予算含む）主要事項説明資料」.

──────［2019］「資料1-2　第二次戦略的地震防災対策推進プラン　事業別進捗状況一覧」.

京都府立大学京都政策研究センター・京都府総務部自治振興課［2015］「行政評価の推進に関する課題についての研究──職員負担に着目して──」.

行政管理研究センター［2011］「地方公共団体，諸外国等における情報提供施策等に関する

調査研究」.

工藤恵理子［2010］「人や社会をとらえる心の仕組み」, 池田謙一・唐沢穣・工藤恵理子・村本由紀子編『社会心理学』有斐閣.

窪田好男［1998］「NPM 型評価と政府の失敗――地方行革との関連で――」『会計検査研究』18.

―――――［2005］『日本型政策評価としての事務事業評価』日本評論社.

―――――［2008］「公共政策学・政策評価論・日本型政策評価」『日本評価研究』8(1).

―――――［2014］「自治体評価の深化と進化――業績測定から聞き取りへ――」『評価クォータリー』(28).

―――――［2016］「政策評価と民意」『公共政策研究』(16).

―――――［2018a］「地方自治体の行政評価とファシリテーション」『日本評価学会　春季第15回大会発表要旨集録』.

―――――［2018b］「新しい行政評価制度の提案とその背景」, 京都府立大学公共政策学部公共政策学科　窪田研究室・玉井研究室編『平成29年度南丹市行政評価・行政改革調査研究報告書』.

窪田好男・池田葉月［2015］「自治体評価制度の主要手法は業績測定ではない――近畿地方の全府県・市町村の調査から――」『福祉社会研究』16.

―――――［2019］「地方自治体の行政評価」, 鈴木康久・嘉村賢州・谷口知弘編『はじめてのファシリテーション――実践者が語る手法と事例――』昭和堂.

熊倉浩靖［2015］「業務改善と地方創生のツール市町村行政評価ベンチマーク」『評価クォータリー』35.

警察庁［2002］『平成14年版　警察白書』.

小島卓弥［2010］『自治体の外部評価――事業を見直すための行政評価の活用策――』学陽書房.

小林寿・東健二郎・河原弘宜・朝日孝輔・布川悠介・荻原和樹・中根秀樹・大野圭一朗・本田直樹・小野恵子・松岡和彦［2019］『プロ直伝　伝わるデータ・ビジュアル術――Excel だけでは作れないデータ可視化レシピ――』技術評論社.

児山正史［2016］「自治体行政におけるロジックモデルの作成・活用」『評価クォータリー』38.

後藤好邦［2013］「ベンチマーキングを活用した効果的な評価手法に関する考察――自治体ベンチマーキングシステム比べジョーズの事例より――」『日本評価学会』, 12(3).

さいたま市［2011］『「見える化」推進の手引［改訂版］』.

斎藤達三［2001］『自治体政策評価演習――評価手法の習得と人材育成のすすめ――』ぎょうせい.

酒井吉廣［2005］「NY 発　ニューヨークを全米一安全な街に変えた警察システム『コンプス

タット』とは何か」『サピオ』17(10).

坂根正弘［2018］「行政も企業経営も見える化が第一歩」『評価クォータリー』45.

坂本勝［2006］『公務員制度の研究——日米英幹部の代表性と政策役割——』法律文化社.

佐々木亮［2010］『評価論理——評価額の基礎——』多賀出版.

佐藤徹［2008］『創造型政策評価——自治体における職場議論の活性化とやりがい・達成感の実現——』公人社.

————［2017］「自治体行政へのロジックモデルの導入」，『評価クォータリー』42.

産経新聞［2016.11.3］「京都府警　近未来型捜査システム　まるで映画!?　犯罪予測し防ぐ」，朝刊27面.

財務省総合政策研究所［2016］「ロジック・モデルについての論点整理」.

塩尻市企画政策部企画課・財政課［2015］「行政経営システム　行政評価～実施計画～予算編成」.

滋賀大学事業仕分け研究会・構想日本［2011］『自治体の事業仕分け——進め方・活かし方——』学陽書房.

静岡県藤枝市［2012］「藤枝市仕事『見える化』アクション——仕事の仕方見直しプロジェクトチームからの提言——」，『住民行政の窓』375.

島田貴仁［2003］「クライム・マッピング——地理的犯罪分析の現状と方向性（7）ニューヨーク市警のコムスタット・プロセスに学ぶ——」『捜査研究』，52(12).

新日本有限責任監査法人［2015］「『アメリカの政府業績成果現代化法（GPRAMA）等の運用から見た我が国の政策評価及び会計検査』に関する調査研究」.

神宮英夫［1996］『印象測定の心理学』川島書店.

政策評価各府省連絡会議［2013］「目標管理型の政策評価の実施に関するガイドライン」.

総務省［2012］「目標管理型の政策評価の改善方策の概要」.

総務省行政評価局［2010］「政策評価の実効性向上のための方策に関する調査研究——報告書——」.

————［2013］「カナダ・米国における実績評価の動向及びその運用実態に関する調査研究報告書」.

総務省自治行政局市町村課行政経営支援室［2014］「地方公共団体における行政評価の取組状況等に関する調査結果」.

————［2017］「地方公共団体における行政評価の取組状況等に関する調査結果」.

総務省情報流通行政局地域通信振興課地方情報化推進室［2019］『地方公共団体におけるデータ利活用ガイドブック　Ver.2.0』.

田尾雅夫［2010］『公共経営論』木鐸社.

高崎正有［2017］「『使われる』政策評価　データに基づく行政経営に向けて」.

高千穂安長［2008］「自治体の評価能力向上研究——「分かりやすい」評価説明のために

──」『日本評価研究』8(1).

高槻市［2013］「平成25年度　事業公開評価会──たかつき行財政改革プロジェクト──」.

竹村和久［2005］「態度と態度変化」, 唐沢かおり編『朝倉心理学講座7　社会心理学』朝倉書店.

田中富雄［2015］『一目で伝わる！　公務員の図解で見せる資料のつくり方』学陽書房.

田中啓［2014］『自治体評価の戦略』東洋経済新報社.

────［2018］「公共部門の評価における『制度化のパラドックス』」『評価クォータリー』46.

田辺国昭［2018］「もっと広くそして多くの主体を」『評価クォータリー』47.

田辺智子［2019a］「評価の『利用』と『影響』を考える」『日本評価研究』19(2).

────［2019b］「業績測定の利用と影響──公共図書館を事例とした実証分析──」『日本評価研究』19(2).

千葉市［2016］「千葉市新基本計画審議会（第5回政策評価部会）議事要旨」.

豊中市［2010］「豊中市　第1回行政評価制度検討委員会の議事要旨」.

内閣府地方創生推進室［2015］「地方版総合戦略策定のための手引き」.

────［2019］「地方版総合戦略の策定・効果検証のための手引き（令和元年12月版）」.

内藤伸浩［2015］『人口減少時代の公共施設改革』時事通信出版局.

中嶋年規［1999］「事務事業評価システム, 新たな展開へ」『地方行政』9228.

中村昭雄［2006］「政策評価とアカウンタビリティ」, 本田弘編『現代日本の行政と地方自治』法律文化社.

長尾眞文［2003］「実用重視評価の理論と課題」『日本評価研究』3(2).

長峯純一［2014］『費用対効果』ミネルヴァ書房.

南島和久［2016］「米国のGPRAMAにみる制度改革への視座──日本への示唆と業績マネジメント──」『評価クォータリー』38.

西尾勝［1995］「省庁の所掌事務と調査研究企画」, 西尾勝・村松岐夫編『〈講座　行政学〉第4巻　政策と管理』有斐閣.

西出順郎［2016］「自治体評価を振り返る──『活かさず殺さず』の20年」『日本評価研究』16(1).

────［2019］「政策評価と不完全性」『評価クォータリー』50.

農林水産省［2017a］「ロジックモデルの深化（案）」.

────［2017b］「ロジックモデルの検証事例集」.

橋本圭多［2017］「独立行政法人評価と研究評価, 開発評価の整合性」『日本評価学会春季第14回大会発表要旨録集』.

藤俊久仁・渡部良一［2019］『データビジュアライゼーションの教科書』秀和システム.

古川俊一［2008］「自治体評価」, 三好皓一編『評価論を学ぶ人のために』世界思想社.

古川俊一・北大路信郷［2002］『〈新版〉公共部門の理論と実際――政府から非営利部門まで――』日本加除出版.

北海道総務部行政改革局行政改革課［2015］「政策評価制度の見直しの方向性について（案）」.

本田弘，［2006］「現代行政の改革動向」，本田弘編『現代日本の行政と地方自治』法律文化社.

益田直子［2019］「評価活動は，何を，どのように，私たちにもたらしうるのか？――『評価の利用・影響』に関する理論研究及び実証研究を振り返る」『日本評価研究』19（2）.

松崎太亮［2017］『シビックテックイノベーション――行動する市民エンジニアが社会を変える――』インプレス R&D.

――――［2019］「Data 分析・活用の実際」『評価クォータリー』50.

まち・ひと・しごと創生本部（2020）「地方創生事業実施のためのガイドライン　地方創生関係交付金を活用した事業の立案・改善の手引き」.

真山達志［1998］「政策過程のやさしい基礎知識」，佐々木信夫編『政策開発――調査・立案・調整の能力』ぎょうせい.

――――［2001］『政策形成の本質――現代自治体の政策形成能力――』成文堂.

――――［2005］「自治体行政改革の新展開――ローカル・ガバナンスの視点から――」『マッセ OSAKA 研究紀要』8.

源由理子［2016］『参加型評価』晃洋書房.

宮城県行政評価委員会政策評価部会［2014］「平成26年度第 1 回　宮城県行政評価委員会政策評価部会　議事録」.

宮脇淳［2017］「自治体経営の進化とリスク」『自治体経営リスクと政策再生』東洋経済新報社，2-41.

村松岐夫［1998］『地方自治　現代政治学叢書15』東京大学出版会.

森脇俊雅［2010］『政策過程』ミネルヴァ書房.

文部科学省［2016］「ロジック・モデルの作成ワークショップ」.

――――［2017］「国立大学法人・大学共同利用機関法人の第 2 期中期目標期間の業務の実績時関する評価結果（概要）」.

矢代隆嗣［2009］「サービス品質向上へ『見える化』活用　全員で問題共有し対策を定着」『地方行政』（10042）.

山本清［2013］『アカウンタビリティを考える――どうして説明責任になったのか――』NTT 出版.

山谷清志［1997］『政策評価の理論とその展開――政府のアカウンタビリティ――』晃洋書房.

――――［2006］『政策評価の実践とその課題――アカウンタビリティのジレンマ――』萌書房.

────── ［2009］「公共部門評価における NPM の影響」『日本評価研究』9(3).

────── ［2012］『政策評価』ミネルヴァ書房.

────── ［2015］「評価に関わる関係者のキャパシティ・ビルディングとエンパワーメント」『日本評価学会　春季第12回全国大会発表要旨録集』.

────── ［2016］「自治体改革と評価」『日本評価研究』16(1).

────── ［2017］「研究開発型独立行政法人の評価──宇宙航空研究開発機構の事例──」『日本評価学会春季第14回大会発表要旨録集』.

吉牟田剛 ［2015］「人口減少社会に向けた行政改革について──『見える化』による恩給支給の業務改革の紹介──」『季刊行政管理研究』(152).

龍慶昭・佐々木亮 ［2010］『〈増補改訂版〉「政策評価」の理論と技法』多賀出版.

労政時報 ［2013］「野村総合研究所：深夜・休日労働等の実態データをシステム的に『見える化』し，目標設定を明確化」『労政時報』3837.

────── ［2015］「JTB グループ　意識調査やダイバーシティ INDEX により，働き方の『見える化』を実施」『労政時報』3934.

若生幸也 ［2017］「情報化を基盤とした事務事業の進化」『自治体経営リスクと政策再生』東洋経済新報社，192-246.

渡邉智裕 ［2013］「事務事業評価の有効性に関する考察──地方自治体職員の職務遂行の視点から──」『日本評価研究』12(3).

【欧文献】

Baxandall, P., and Euchner, C. C. ［2007］"Can Baltimore SitiStat Work For Other Communities ?," in Callahan, K. eds., *Elements of Effective Governance : Measurement, Accountability and Participation,* Boca Raton : Taylor & Francis Group.

Behn, R. D. ［2006］"The Varieties of CitiStat", Public Administration Review, 66(3).

────── ［2007］*"What All Mayors Would Like to Know About Baltimore's CitiStat Performance Strategy,"* Washington, D. C.: IBM Center for The Business of Government.

────── ［2008a］*The Seven Big Errors of PerformanceStat,* Rappaport Institute for Greater Boston, Taubman Center for State and Local Government.

────── ［2008b］"Designing Performancestat," *Public Performance & Management Review,* 32(2).

────── ［2014］*The PerformanceStat Potential,* Washington, D. C.: Brookings Institution Press.

Bens, C. ［2005］"CitiStat: Performance Measurement with Attitude," *National Civic Review,* (94)2.

Broadhead, D. and Ramirez, R. [2011] *Projects assuming responsibility over evaluation: Test-Driving Utilization Focused Evaluation*, Better Evaluation.

Citizens Planning & Housing Association [2016] *Baltimore CitiStat 2.0: Suggestions for Baltimore's Next Mayor*, Citizens Planning & Housing Association.

Donaldson, S. I., Gooler, L. E. and Scriven, M [2002] "Strategies for Managing Evaluation Anxiety: Toward a Psyhology of Program Evaluation," *American Journal of Evaluation*, 23(3).

Driscoll, M. J. [2009] *City of Syracuse SyraStat: A Culture of Accountability*, Syracuse, New York: Mayo's Office Media Center.

Edwards, D. and Thomas, J. C. [2005] "Developing a Municipal Performance-Measurement System: Reflections on the Atlanta Dashbord," *Public Administration Review*, 65(3).

Fetterman, D. M. and Wandersman, A. [2005] *Empowerment Evaluation Principles inPractice*, New York: Guilford Press（玉井航太・大内潤子訳『エンパワーメント評価の原則と実践――教育，福祉，医療，起業，コミュニティ介入プログラムの改善と活性化に向けて――』風間書房，2014年）.

Ganapati, S. [2011] *Use of Dashboards in Government*, Washington, D. C.: IBM Center for The Business of Government.

GAO. [2013] *Data-Driven Performance Reviews Show Promise But Agencies Should Explore How to Involve Other Relevant Agencies*, GAO.

GAO, AIMD, and GGD. [1995] *Goal Setting and Performance*, GAO.

GAO, T-GGD, and AIMD. [1995] *Critical Actions for Measuring Performance*, GAO.

Hatry, H. [1999] *Performance Measurement: Getting Results*, Washington, D. C.: The Urban Institute（『政策評価入門』東洋経済新報社，2004年）.

Hatry, H. and Davies, E. [2011] *A Guide to Data-Driven Performance Reviews*, Washington, D. C.: IBM Center for The Business of Government.

Henderson, L. J. [2003] *The Baltimore CitiStat Program: Performance and Accountability*, IBM Endowment for The Business of Government.

Henry, V. E. [2006] "Managing Crime and Quality of Life Using Compstat: Specific Issues in Implementation and Practice," *Resource Material Series*, 68.

Hildebrand, R. [2007] *Measuring and Managing Performance in Local Government: A Literature Review*, Local Government Institute School of Publuc Administration University of Victoria.

Hutchinson, K. S. [2017] *A Short Primer on Innovative Evaluation Reporting*, National Library of Canada Cataloguing in Publication.

International Development Research Center. [2012] *Identifying the Intended User(s) and*

Use(s) of an Evaluation, Better Evaluation.

INTRAC for civil society. [2017] *Utilization-Focused Evaluation*, M&E Training & Consultancy.

Kellogg Foundation [2004] *Logic Model Development Guide*, Kellogg Foundation.

Kettl, D. [2009] *The Next Government of United States: Why Our Institutions Fails Us and Hoe to Fix Them*, New York: W. W. Norton & Campany Inc（浅尾久美子訳『なぜ政府は動けないのか──アメリカの失敗と次世代型政府の構想──』勁草書房，2011年）.

Lane, J-E. [2009] *State Management: An Enquiry into Models of Public Administration and Mnagement*, London: Routledge.（稲継裕昭訳『テキストブック　政府経営論』勁草書房，2017年）.

McLaughlin, J. and Jordan, G. [2010] "Using Logic Models," in Wholy J., Hatry H., and Newcomer K. eds., *Handbook of Practical Program Evaluation*, San Francisco, California: Jossey-Bass.

Metzenbaum, S. H. [2009] *Performance Management Recommendations for the New Administration*, Washington, D. C.: IBM Center for The Business of Government.

Nathan, R. P. [2008] "The Role of Performance Management in American Federalism," in Redburn, F. S., Shea, R. J., and Buss, T. F. eds., *Performance Management and Budgeting: How Governments Can Learn From Experience*, New York: M. E. Sharpe, Inc.

National Performance Management Advisory Commission. [2010] *A Performance Management Framework for State and Local Government: From Measurement and Reporting to Management and Improving*, University of North Carolina School of Government.

Newsom, G. [2013] *Citizenville: How to take the town square digital and reinvent government*, New York: Penguin Press（町田敦夫訳『未来政府』東洋経済新報社，2016年）.

Office of Management and Budget. [2015] *Circular No. A-11 Preparation, Submission, and Execution of the Budget*, Office of Management and Budget.

Panunzio, S. P. [2009] *Performance Measurement System for the Public Works Manager*, Bloomington, Indiana: Author House.

Perez, T. and Rushing, R. [2007] *The CitiStat Model: How Data-Driven Government Can Increase Efficiency & Effectiveness*, Washington, D. C.: Center for American Progress.

Patton, M. Q. [2008] *Utilization-Focused Evaluation 4th Edition*, Thousand Oaks, California: SAGE Publication.

220

―――― [2013] *Utilization-Focused Evaluation* (U-FE) Checklist, West Michigan University.

―――― [2018] *Facilitating Evaluation*, Thousand Oaks, California: SAGE Publication.

Patton, M. Q. and Campbell-Patton C. E. [2017] *"Principle-Focused Evaluation,"* University of Minenesota Colege of Education and Human Development.

Patton M. Q. and Horton D. [2009] *ILAC Brief 22 Utilization-focused evaluation for agricultural innovation*, International Learning and Change.

Poister, T. H., Aristigueta, M. P., and Hall, J. L. [2015] *Managing and Measuring Performance in Public and Nonprofit Organizations: An Integrated Approach 2nd Edition*, CA: Jossey-Bass.

Polivika, L. and Stryker, L. T. [1989] "Program Evaluation and the Policy Process in State Government," in Chelimsky, E. eds., *Program Evaluation: Patterns and Directions*, Washington D. C.: The American Society for Public Administration.

Preskill, H. [2019] "That Alien Feeling: Engaging All Stakeholders in the Univers," in Hutchinson, K. eds., *Evaluation Failures 22 tales of mistakes made and lessons learned*, Thousand Oaks, California: SAGE Publication.

Ramirez, R. and Broadhead, D. [2013] *Utilization Focused Evaluation: A primer for evaluators*, Penang Malaysia: Southbound Sdn. Bhd.

Redburn, F. S., Shea, R. J., Buss, T. F. and Quintanilla, E. [2008] "Performance-Based Management: HowGovernments Can Learn from Experience," in Redburn, F. S., Shea, R. J., and Buss, T. F. eds., *Performance Management and Budgeting: How Governments Can Learn From Experience*, New York: M. E. Sharpe, Inc.

Serpas, R. W. [2004] "Beyond CompStat: Accountability Driven Leadership in a State-wide Agency The Washington State Patrol: Effectiveness through Efficiencies," *The Police Chief*, 70(1).

Survey of CDLR menbers. [2010] *Report on performance management at local level*, Council of Europe.

Thornburgh, D. B., Kingsley, C., and Rando, M. [2010] *Smart Cities: PerformanceStat at 15*, Penn Fels Institute of Government.

Weiss, C. H. [1998] *Evaluation: Methods for Studying Programs and Policies*, Upper Saddle River, NJ: Prentice Hall（粟津知佳子・池内賢二・及川春奈・太田美穂・高野佐恵子・敦賀和外・福田彩・村田晶子訳『入門　評価学』日本評論社，2014年）.

Wholey, J. S. [1989] "The Role of Evaluation and the Evaluator in Improving Public Programs," in Chelimsky, E. eds., *Program Evaluation: Patterns and Directions*, Washington D. C.: The American Society for Public Administration.

Zaveri, S. and Solomon C. [2012] *Lessons from Test-Driving Utilization Focused Evaluation in Asia*, Better Evaluation.

【参考ホームページ】
朝日新聞 DIGITAL
　食べ物のパッケージに「信号機」イギリスの店頭で，https://www.asahi.com/articles/SDI201805118413.html（2019年9月27日閲覧）.
宇治田原町
　宇治田原町行政評価ヤングレビュー会議（11月5日開催），http://www.town.ujitawara.kyoto.jp/sp/0000002024.html（2019年7月31日閲覧）.
　―――・第2回（11月25日開催），http://www.town.ujitawara.kyoto.jp/0000002039.html（2019年7月31日閲覧）.
　まちの概要，http://www.town.ujitawara.kyoto.jp/soshiki/18-1-0-0-0_3.html（2019年7月31日閲覧）.
おりがみきっず
　おりがみでパクパク（パックンチョ）を作って遊ぼう！，https://xn--t8je7mqb.jp/162.html（2019年7月31日閲覧）.
京丹後市
　行政評価について，http://www.city.kyotango.lg.jp/shisei/shisei/gyokaku/jimujigyohyoka/gaibuhyoka.html（2019年8月29日閲覧）.
京都市
　京都市市民生活実感調査（平成30年度），https://www.city.kyoto.lg.jp/sogo/page/0000236741.html（2019年8月25日閲覧）.
　―――（令和元年度），https://www.city.kyoto.lg.jp/sogo/page/0000252161.html（2019年8月25日閲覧）.
　【広報資料】数字でわかる「京都市政報告書」（令和元年7月発行），https://www.city.kyoto.lg.jp/sogo/page/0000254188.html（2019年8月28日閲覧）.
　知らなきゃ　損!!　こんなに進んだ京都のまちづくり（～京都市政報告書～平成27年6月発行），https://www.city.kyoto.lg.jp/sogo/page/0000182503.html（2019年8月28日閲覧）.
　成功狸と知恵比べ!?　京都市の政策評価に関するクイズ，https://www.city.kyoto.lg.jp/sogo/page/0000050605.html（2019年7月24日閲覧）.
　政策評価委員会，https://www.city.kyoto.lg.jp/menu5/category/69-17-2-4-0-0-0-0-0.html（2019年8月28日閲覧）.
　政策評価結果，https://www.city.kyoto.lg.jp/menu5/category/69-17-2-5-0-0-0-0-0.html（2019年8月19日閲覧）.

――――（平成30年度），https://www.city.kyoto.lg.jp/sogo/page/0000241752.html（2019年 7 月24日閲覧）．

政策評価の概要，https://www.city.kyoto.lg.jp/sogo/page/0000035589.html（2019年 8 月19日閲覧）．

統計解析シリーズ～統計調査の集計結果の紹介等～，http://www2.city.kyoto.lg.jp/sogo/toukei/Publish/Analysis/index.html（2019年 8 月28日閲覧）．

「はばたけ未来へ！ 京プラン」実施計画第 2 ステージ「政策編・年次計画」取組内容 No. 63002 京の花文化の継承と花関連産業の振興，https://www.city.kyoto.lg.jp/sogo/page/0000198567.html（2019年 8 月25日閲覧）．

京都市政策評価のぐるり 2014，https://hyouka2014.wixsite.com/kyouto-gururi（2019年 9 月23日閲覧）．

京都府

京都府戦略的地震防災対策推進部会の開催結果について，http://www.pref.kyoto.jp/shingikai/shobo-01/suishinbukai20190419.html（2019年 8 月28日閲覧）．

京都府議会

委員会活動 警察常任委員会 管外調査．http://www.pref.kyoto.jp/gikai/html/joho/22jounin7-keisatu.html（2019年 8 月29日閲覧）．

警察庁

平成14年警察白書 第 1 章第 3 節 今後の警察の取組み，https://www.npa.go.jp/hakusyo/h14/h140103.html（2019年 8 月29日閲覧）．

公益財団法人日本漢字能力検定協会

今，あなたに贈りたい漢字コンテスト，https://www.kanken.or.jp/project/edification/kanjicontest.html（2019年 9 月13日閲覧）．

今年の漢字，https://www.kanken.or.jp/project/edification/years_kanji.html（2019年 9 月13日閲覧）．

第 7 回 今，あなたに贈りたい漢字コンテスト，https://www.kanken.or.jp/kanjicontest2019/（2019年 9 月13日閲覧）．

公益社団法人日本広報協会

広報コンクール，https://www.koho.or.jp/contest/（2019年 8 月28日閲覧）．

構想日本

事業仕分け，http://www.kosonippon.org/project/shiwake/（2020年 8 月30日閲覧）．

simpleshow，https://simpleshow.com/jp/（2019年 9 月21日閲覧）．

セキュリティ産業新聞

嬉しいコムスタット導入，http://secu354.co.jp/contents/rensai/kaze/kaze_sorekara-6-03.htm（2019年 8 月29日閲覧）．

宣伝会議 AdverTimes

　動画の普及が後押しする "プレゼン革命" ──解説動画（ExplainerVideo），https://www.
　advertimes.com/20150114/article178865/（2019年 9 月21日閲覧）.

創作漢字　100年後まで残る漢字を作ってみませんか

　開催概要，https://sousaku-kanji.com/about.html（2019年 9 月13日閲覧）.

総務省

　オープンデータ戦略の推進，http://www.soumu.go.jp/menu_seisaku/ictseisaku/ictriyou/
　opendata/index.html（2019年 8 月28日閲覧）.

　オープンデータとは，http://www.soumu.go.jp/menu_seisaku/ictseisaku/ictriyou/open
　data/opendata01.html（2019年 8 月29日閲覧）.

　地方公共団体の行政改革等，http://www.soumu.go.jp/iken/main.html（2019年 8 月22日
　閲覧）.

　地方公共団体の区分，http://www.soumu.go.jp/main_sosiki/jichi_gyousei/bunken/chihou-
　koukyoudantai_kubun.html（2019年 8 月22日閲覧）.

　データ利活用の促進，https://www.soumu.go.jp/menu_seisaku/ictseisaku/ictriyou/big
　data.html（2019年 9 月23日閲覧）.

　平成27年度政策評価に関する統一研修（地方研修）の概要，http://www.soumu.go.jp/
　main_sosiki/hyouka/seisaku_n/102256.html（2019年 9 月23日閲覧）.

　平成28年度政策評価に関する統一研修（地方研修）の概要，http://www.soumu.go.jp/
　main_sosiki/hyouka/seisaku_n/107479.html（2019年 9 月23日閲覧）.

　平成29年度政策評価に関する統一研修（地方研修）の概要，http://www.soumu.go.jp/
　main_sosiki/hyouka/seisaku_n/107479_00001.html（2019年 9 月23日閲覧）.

　平成30年度政策評価に関する統一研修（地方研修）の概要，http://www.soumu.go.jp/
　main_sosiki/hyouka/seisaku_n/h30chiho.html（2019年 9 月23日閲覧）.

データカタログサイト　DATA GO.JP，http://www.data.go.jp/（2019年 8 月29日閲覧）.

データのじかん

　なぜ分析ツールの UI を「ダッシュボード」と呼ぶのか？，https://data.wingarc.com/bi-
　dashboard-5881（2019年 9 月14日閲覧）.

高槻市

　事業公開評価会（平成25年度），http://www.city.takatsuki.osaka.jp/kakuka/sougou/mirai
　sosei/gyomuannai/hyoukakai/1372234006857.html（2019年 9 月23日閲覧）.

宝塚市

　行政評価について，http://www.city.takarazuka.hyogo.jp/shisei/gyozaisei/1001250.html
　（2019年 8 月28日閲覧）.

東御市

　行政評価とは，https://www.city.tomi.nagano.jp/category/matidukuri/101655.html（2019
　　年 7 月27日閲覧）．

内閣府

　国・行政のあり方に関する懇談会，http://www.cas.go.jp/jp/seisaku/kataro_miraiJPN/
　　index.html（2020年12月10日閲覧）．

南丹市

　位置・地勢・交通，http://www.city.nantan.kyoto.jp/www/shisei/106/001/001/index_
　　2052.html（2019年 7 月31日閲覧）．

　沿革，http://www.city.nantan.kyoto.jp/www/shisei/106/001/001/index_2053.html（2019
　　年 7 月31日閲覧）．

　行政評価推進委員会，https://www.city.nantan.kyoto.jp/www/shisei/106/005/006/index.
　　html（2019年 7 月31日閲覧）．

　市民提案型まちづくり活動支援交付金制度，https://www.city.nantan.kyoto.jp/www/shi
　　sei/115/007/index.html（2019年 7 月31日閲覧）．

　人口・世帯数集計表，http://www.city.nantan.kyoto.jp/www/shisei/106/001/003/index.
　　html（2019年 7 月31日閲覧）．

　地域資源，http://www.city.nantan.kyoto.jp/www/shisei/106/001/001/index_2054.html
　　（2019年 7 月31日閲覧）．

　南丹市市民提案型まちづくり活動支援交付金要綱，http://www.city.nantan.kyoto.
　　jp/www/shisei/115/002/000/index_14732.html（2019年 7 月31日閲覧）．

　南丹市人口ビジョン及び南丹市地域創生戦略について，https://www.city.nantan.kyoto.
　　jp/www/shisei/106/002/001/index_23414.html（2019年 7 月31日閲覧）．

　南丹市地域創生会議，https://www.city.nantan.kyoto.jp/www/shisei/106/003/017/index_
　　42318.html（2019年 7 月31日閲覧）．

　平成26年度における行政評価の取り組みについて，https://www.city.nantan.kyoto.
　　jp/www/shisei/106/005/008/index_19655.html（2019年 7 月31日閲覧）．

　平成26年度　行政評価結果の公表（外部評価・施策優先度評価）について，https://www.
　　city.nantan.kyoto.jp/www/shisei/106/005/005/index_20552.html（2019年 7 月31日
　　閲覧）．

　平成26年度　行政評価結果の公表（事務事業評価・事業貢献度評価）について，https://
　　www.city.nantan.kyoto.jp/www/shisei/106/005/005/index_20546.html（2019年 7 月
　　31日閲覧）．

　「定住促進関連事業の実用重視評価によるプログラム評価」について，https://www.city.
　　nantan.kyoto.jp/www/emig/119/000/000/index_71006.html（2020年10月30日閲覧）．

NIRA 総合研究開発機構

　都市行政評価ネットワーク会議について，http://www.nira.or.jp/past/newsj/info/toshi
　　net/02.html（2019年 8 月22日閲覧）.

　NIRA 型ベンチマーク・モデルとは，http://www.nira.or.jp/past/newsj/info/toshinet/01.
　　html（2019年 8 月22日閲覧）.

舞鶴市

　舞鶴版・地方創生についての市民レビュー，https://www.city.maizuru.kyoto.jp/soshiki/
　　17-1-0-0_5.html（2019年 7 月31日閲覧）.

みんなで育てる地域のチカラ　地方創生

　まち・ひと・しごと創生「長期ビジョン」「総合戦略」「基本方針」，https://www.kantei.
　　go.jp/jp/singi/sousei/mahishi_index.html（2019年 8 月22日閲覧）.

文部科学省

　国立大学法人・大学共同利用機関法人の第 2 期中期目標期間の業務の実績に関する評価
　結果の概要，http://www.mext.go.jp/a_menu/koutou/houjin/detail/1386173.htm（2019年
　　8 月28日閲覧）.

Association of University Centers on Disabilities

　2017 Inclusive Health Forum, https://www.aucd.org/template/news.cfm?news_id=
　　12741（2020年 8 月23日閲覧）.

City of Baltimore

　311 Services, https://balt311.baltimorecity.gov/citizen/servicetypes（2019年 8 月29日
　　閲覧）.

Community Solutions, https://communitysolutions.ca/web/（2019年 9 月16日閲覧）.

CountyStat Performance Management and Data Analysis

　Department of Health and Human Services, https://www.montgomerycountymd.gov/
　　HHS-Program/OCA/CommunityAction/interactiveSelfSufficiency.html（2019年 7 月
　　24日閲覧）.

Center for Health Progress

　Health Perspectives: Hispanics & Latinos, https://centerforhealthprogress.org/blog/
　　publications/health-perspectives-hispanics-latinos-2/（2020年 8 月23日閲覧）.

expertfile

　SERGIO PANUNZIO, https://expertfile.com/experts/sergio.panunzio（2019年 9 月23日
　　閲覧）.

HARVARD Kennedy School

　MORE Robert Behn, https://www.hks.harvard.edu/faculty/robert-behn（2019年 8 月29
　　日閲覧）.

Human Early Learning Partnership

    Maps & Data EDI, http://earlylearning.ubc.ca/interactive-map/（2020年 8 月23日閲覧）.

Linked Data, http://www.w3.org/DesignIssues/LinkedData.html

Montgomery County Government（2019年 8 月29日閲覧）

    Department of Health and Human Services, https://www.montgomerycountymd.gov/
        HHS-Program/OCA/CommunityAction/interactiveSelfSufficiency.html（2020年 8 月
        23日閲覧）.

Washington State Government

    GMAP（Government Management Accountability and Performance）, https://www.you
        tube.com/playlist?list=PLB420DFDBDA4DD268（2019年 8 月29日閲覧）.

YAHOO！FINANCE

    A Minute of Video Is Worth 1.8 Million Words, According to Forrester Research,
        https://finance.yahoo.com/news/minute-video-worth-1-8-130000033.html（2019年 9 月
        22日閲覧）.

索　　引

《著者紹介》

池田葉月（いけだ　はづき）

　　1992年　生まれ
　　2020年　京都府立大学大学院公共政策学研究科博士後期課程修了，博士（公共政策学）
　　現　在　京都府立大学大学院公共政策学研究科学術研究員

主要業績

　「日本における業績スタット」『京都府立大学学術報告　公共政策』10，2018年
　「自治体評価の負担感とイメージの関係——兵庫県宝塚市におけるアンケート調査から
　　　——」『日本評価研究』19(3)，2019年

ガバナンスと評価 11
自治体評価における実用重視評価の可能性
——評価結果の報告方法と評価への参加に着目して——

2021年3月15日　初版第1刷発行　　　＊定価はカバーに
　　　　　　　　　　　　　　　　　　　表示してあります

　　　　　　　　　　著　者　　池　田　葉　月 ⓒ
　　　　　　　　　　発行者　　萩　原　淳　平
　　　　　　　　　　印刷者　　江　戸　孝　典

　　　　　　発行所　株式会社　晃　洋　書　房

　　　　　〒615-0026　京都市右京区西院北矢掛町7番地
　　　　　　　　　　　電話　075(312)0788番(代)
　　　　　　　　　　　振替口座　01040-6-32280

装丁　クリエイティブ・コンセプト　印刷・製本　共同印刷工業㈱
ISBN978-4-7710-3465-5

山谷 清志 監修／源 由理子・大島　厳 編著
プログラム評価ハンドブック
──社会課題解決に向けた評価方法の基礎・応用──
A 5 判 260頁
本体2,600円（税別）

張替 正敏・山谷 清志／南島 和久 編
ＪＡＸＡの研究開発と評価
──研究開発のアカウンタビリティ──
A 5 判 96頁
本体1,200円（税別）

湯浅 孝康 著
政 策 と 行 政 の 管 理
──評価と責任──
A 5 判 194頁
本体2,700円（税別）

南島 和久 著
政 策 評 価 の 行 政 学
──制度運用の理論と分析──
A 5 判 226頁
本体2,800円（税別）

鏡　圭佑 著
行 政 改 革 と 行 政 責 任
A 5 判 198頁
本体2,800円（税別）

李　玲珠 著
韓国認知症政策のセオリー評価
A 5 判 204頁
本体3,500円（税別）

西山 慶司 著
公共サービスの外部化と「独立行政法人」制度
A 5 判 228頁
本体3,200円（税別）

北川 雄也 著
障 害 者 福 祉 の 政 策 学
──評価とマネジメント──
A 5 判 232頁
本体2,800円（税別）

山谷 清秀 著
公共部門のガバナンスとオンブズマン
──行政とマネジメント──
A 5 判 256頁
本体2,800円（税別）

橋本 圭多 著
公共部門における評価と統制
A 5 判 202頁
本体2,600円（税別）

内藤 和美・山谷 清志 編著
男 女 共 同 参 画 政 策
──行政評価と施設評価──
A 5 判 258頁
本体2,800円（税別）

━━━━━━━ 晃 洋 書 房 ━━━━━━━